소쇄원瀟灑園

1
우리는 왜 소쇄원을 찾는가

소쇄원(瀟灑園)은 전남 담양군 남면 소쇄원길 17(지곡리)에 있는 우리나라의 대표적인 민간 별서원림(別墅園林)이다. 별서는 본가에서 조금 떨어진 경승지에 지은 오늘날 별장과 같은 개념이다. 원림은 정원(庭園)과 비슷한 뜻인데, 정원이 인공적이라면, 원림은 자연을 거스르지 않으면서 적절한 조영을 한 것을 말한다. 소쇄원은 강진 백운동정원, 완도 부용동정원과 더불어 호남 3대 정원으로 꼽힌다.

16세기 중·후반 양산보(梁山甫, 1503~1557)와 그 후손들에 의해 조영된 소쇄원은 조선시대 선비들이 자연을 어떻게 가꾸고 즐겼으며 이해했는가를 보여주는 매우 가치 있는 공간이다. 자연 상태의 계곡과 계류, 인공을 절제한 지형과 다양한 식생, 주변 환경과 어울리는 건축물, 지형에 적응하는 조경시설 등을 두루 갖춘 곳으로 한·중·일 동양 삼국의 정원 중에서 한국적 정서를 지닌 독

소쇄원으로 들어가는 대숲 길

소쇄원은 한국 민간정원의 원형을 간직한 곳이다.

자연에 대한 인간의 경외와 순응,

도가적 삶을 산 조선시대 선비들의

은둔과 사유, 만남과 교류의 장으로서

경관의 아름다움이 탁월하게 드러난 유산이다.

특한 원림의 의미를 지닌다.

사적 304호로 지정된 소쇄원은 한국 민간정원의 원형을 간직한 곳이다. 자연에 대한 인간의 경외와 순응, 도가적 삶을 산 조선시대 선비들의 은둔과 사유, 만남과 교류의 장으로서 경관의 아름다움이 탁월하게 드러난 유산이다. 은일과 풍류, 탈속과 성찰, 선비와 당대 최고의 시인묵객들이 드나들었던 곳으로 고매한 지적 공간이자 시적 감흥을 일으킨 문학적 공간이기도 했다. 그런가하면 양산보의 스승과 벗이 사사되고 유배되는 참담한 비애를 치유하는 공간이자 함께 슬픔을 나누고 내일을 다짐하는 만남의 장이기도 했다.

전체적인 내원의 면적은 1,500여 평의 공간에 불과하지만 그 안에 조성된 건축물, 조경물은 상징적 체계뿐만 아니라 자연과 인공의 조화를 절묘하게 이뤄내며, 그 안에 조선시대 선비들의 심상이 오롯이 배어 있다. 물론 담장 밖 외원의 영역인 뒷산의 계곡과 옹정봉 봉우리를 감안하면 그 범위는 수만 평에 이르러 한참이나 넓다.

현재 남아 있는 건물로는 대봉대와 광풍각, 제월당이 있으며 긴 담장이 동쪽에 걸쳐 있다. 북쪽의 산 사면에서 흘러내린 물이 계곡을 이루고 흘러내려와 담장 밑을 통과하여 몇 번 머물고 흘러 소폭을 이루며 떨어져 소쇄원의 중심을 관통한다. 물길이 흘러내리는 곳곳에 인공적인 장치들이 마련되어 있다.

비구(飛溝)라는 나무 물홈통이 물길을 바꾸어 위아래의 연못을 채우고 그 안에 수초와 물고기를 키운다. 넓은 암반에서는 눕기도

하고 바둑을 두기도 하였으니 밖이 곧 방 안이 된다. 이처럼 자연과 인공의 조화가 의미를 가지고 자리하니 미학적 시설들이 돋보인다. 다리와 연못, 큰 바위와 조그만 새까지 새록새록 나타난다. 특히 양산보의 자식 대에는 고암정사와 부훤당이 부가적으로 건립되었다 한다.

이러한 공간의 조성은 조선 중종 때의 선비로서 조광조의 제자인 소쇄공 양산보가 세속의 꿈을 버리고 낙향하여 어린 시절 즐겨 찾던 곳을 꾸미면서 시작되었다. 정확한 조영 시기는 1530년대 초반에 시작하여 그의 아들 대에 완성된 것으로 추정되고 있다. 이후 1597년 정유재란으로 건물이 불에 타기도 했지만 후손들에 의하여 다시 복원 중수되었고 현재까지 15대에 걸쳐 후손들이 선조의 유지를 받들어 잘 가꾸어 나가고 있다.

이 책은 소쇄원을 쉽게 이해하기 위한 교양서로서 그간 출간되었던 책과 논문을 중심으로 다시 꾸민 것이다. 한국 최고의 원림 소쇄원은 언제 누구에 의해 만들어졌고, 어떻게 구성되어 있는가. 이곳을 드나들었던 당대의 선비들은 어떤 인물들이었고, 소쇄원을 어떻게 이해하고 감상해야 하는가? 500년 가까이 오랜 세월이 흘러간 오늘까지도 우리들은 왜 소쇄원을 사랑하고 찾는가? 라는 화두에서 비롯된 것이다.

2
원림문화, 양산보, 호남 사림

소쇄원은 광주시와 전남 담양군이 마주하는 광주호 상류에 위치하고 있다. 남쪽으로는 남도의 영봉인 무등산이 바라다보이고, 뒤로는 장원봉 줄기가 병풍처럼 둘러져 있는 곳으로, 무등산 원효계곡이 광주호로 흘러내려오는 증암천 기슭에 자리하고 있다. 주변의 경승지와 더불어 지역 선비와 주민들의 휴식 장소이자 은일과 학문도야 장소로서 폭넓게 이용된 식영정, 면앙정, 송강정, 환벽당, 취가정, 독수정 등 수많은 정자와 이를 에워싼 원림들이 적절한 간격으로 보일 듯 말 듯 배치되어 있는데, 이 가운데 대표적인 곳이 바로 소쇄원이다.

정원과 원림 그리고 누정

소쇄원이라는 어려운 한자 이름이 뜻함은 빗소리 소(瀟), 혹은 물 맑고 깊을 소(瀟)이고 쇄(灑)는 쇄, 새, 혹은 사라고 읽을 수 있

는데 물 뿌릴 쇄나 깨끗할 쇄라는 뜻과 음을 갖는다. 소쇄란 중국 남조시대 제(齊)나라 사람 공덕장(孔德璋)이 쓴 「북산이문(北山移文)」에 나오는 말로 '깨끗하고 시원하다'는 말이다. 그러니까 굳이 소쇄원의 이름을 풀어쓴다면 '물 맑고, 시원하며, 깨끗한 원림'이라 할 수 있고, 덧붙이면 '속세를 떠난 느낌이 있다'는 뜻으로도 말할 수 있겠다.

소쇄원을 정원(庭園), 혹은 정원(庭苑)이라고 해야 할지 원림(園林)이라 해야 할지 분명하지 않으나 원림이라 부르는 것이 더 좋을 것이다. 일반적으로 원림이란 정원과 혼용해서 사용하는 경우가 많은데 원래의 뜻은 사뭇 다르다. 정원은 역사가 짧은 말로 일본인들이 명치시대에 만들어 내었으니 일제강점기에 이식된 단어이다. 또한 소쇄원을 별서원림이라고도 하는데 살림집에서 그리 멀지 않은 경치 좋은 곳에 조성된 원림으로 전원생활과 문화생활을 함께한 공간을 말한다. 평소 거주하는 일상생활용 집과 가까운 경승지에 조영된 제2의 주거와 주변의 원림이라 할 것이다. 이 경우 원림에 있는 건물은 상주하는 집이 아니므로 아무래도 잠시 머물기 위한 구조로 간소하게 지어지고 가까운 곳에 주인이 거주하는 집이 있게 마련이다. 따라서 이러한 정원은 사실상 건물과 옥외공간이 일체가 되거나 옥외공간이 건물보다 우세한 모양을 갖게 된다고 할 것이다.[1]

---

1 유병림, 황기원, 박종화, 『조선조 정원의 원형』, 서울대학교 환경계획연구소, pp.18~21.

즉 소쇄원은 생활기반인 창암촌과 지척인 곳에 위치하는 삶의 공간이며, 사상적으로나 학문적으로 교류하는 사람들에게 강학하는 학문의 장소이자 풍류와 위락의 공간으로 당대의 문인들이 누정가단을 형성하게 됨으로써 이곳은 그 풍경에서나 의미에서 중심을 이루고 있었다. 또한 별서에는 정(亭), 사(榭), 헌(軒), 당(堂) 등의 건물을 짓고 오늘날의 별장과 같은 기능도 하였는데 소쇄원도 크게 다르지 않았다.

우리나라는 예로부터 원림문화가 발달하였고, 원림의 중심은 누정이었다. 어디를 가든지 도처에 누정이 있다. 몇백 년 전의 누정으로부터 근대의 것에 이르기까지 그 모양과 쓰임도 각양각색이다. 『신증동국여지승람』에 기록된 이름난 누정의 수가 885개나 될 정도이고 그중 절반이 영남과 호남에 퍼져 있다. 영호남에 집중되어 있는 것은 따뜻한 남쪽에서 누정이 더욱 발달하였음을 의미한다.

누정은 우리나라 근대사회에서 선비들의 지적인 활동의 장소였다. 이름 있는 인사나 집안에서는 이를 건립하였고, 풍경이 좋은 장소에 두어 시 짓고 노래하며 사귐을 갖는 장소였다. 또한 누정은 속세에 뜻을 두지 않는 자들의 은둔처이기도 하였다. 혼탁한 정치에 미련을 버리고 낙향한 선비나 속세의 영욕에서 해탈하려는 은둔자들에게 누정은 더없는 안식처가 되었다. 누정마루에 앉아 바라다보는 경치는 그 사람의 여유를 나타내며, 선인(仙人)들의 모습과 흡사할지도 모른다.

누정이 건립된 위치는 강이나 천을 낀 산록이 보편적이며 자연히 조용하고 경치 좋은 곳을 택하였다. 그러나 반드시 산과 강을 낀 경승지에 자리 잡지 않고 감농(監農)에 편리하도록 전답의 한가운데 있는 경우나 깊은 산속에 있어 재실의 역할을 하는 경우도 볼 수 있다. 최소한 팔경(八景)을 설정하여 주변의 경관을 즐길 줄 알았고, 거기에 높은 의미도 부여했다. 누정건축은 원림의 주된 구성요소로서 그 의미가 크다. 원림에는 반드시 누정이 있어 건축적 생활공간으로서 내부공간과 절경을 보고 즐기는 외부공간이 적절히 융화된 것이다.

소쇄원의 건립시기

소쇄원은 언제부터 어떻게 만들어졌을까? 양산보가 기묘사화 후 바로 낙향하여 조영을 시작한 것으로 나타나고 있으나 당시 20세 이전의 어린 나이에 소쇄원이라는 넓고 다양한 의미를 지닌 정원을 조영할 수 있는 여유와 식견이 있었을까 하는 의문이 든다. 즉 양산보는 1519년 17세에 과거시험에 실패하고 나서 기묘사화로 낙향했으며 1527년 25세에 상처(喪妻)하는 등 슬픈 사건들이 20세 전후에 이어져 본격적으로 소쇄원을 조영하기에는 어려웠을 것으로 짐작된다.[2] 다만 낙향하고 소쇄원을 조영했다는 견해는 현

---

2 문화재관리국, 『소쇄원(瀟灑園)보존정비계획 및 설계』, 1983, p.16.

소쇄원은 양산보의 은둔처였지만
그의 곧은 뜻을 알게 된 사림들은
소쇄원을 중요한 공간으로 인식하고
주인과 교류함으로써 열린 공간으로
호남 사림의 명소가 되었다.

霽月堂

재 대봉대 주변의 조그마한 초정(草亭)을 비롯하여 일부의 조영이 시작되었다는 의미로 이해해야 하지 않을까 생각한다.

그럼에도 소쇄원을 만든 양산보와 관계가 깊은 김인후가 18세 때인 1527년 장성에서 화순 동복의 최산두에게 찾아가 배울 때[3] 소쇄원에 머물렀다는 내용이 「소쇄원사실(瀟灑園事實)」에 나타나 소쇄원의 조영시기를 추정하는 준거가 된다. 구체적으로 김인후가 18세 때 최산두에게 찾아가 배웠고, 고향인 장성에서 머무는 기간이 18세까지였기 때문에 최소한 출생 후로부터 17년이 경과한 때인 1527년경에는 무어라고 불렀든지 이미 소쇄원이라는 실체가 있었을 것으로 유추할 수 있다. 초정이든 정원의 골격을 갖춘 형태였든 이와 유사한 유구가 분명히 있었을 것이다.

또한 김인후가 1528년에 읊은 시 「소쇄정즉사(瀟灑亭卽事)」에 소쇄정에 관한 간접적인 내용이 나타나는 것으로 보아 1520년대 말에는 아직 소쇄원이라 부르기에는 부족하지만 소쇄정으로 불리는 초기적인 원림이 있었을 것으로 짐작된다. 소쇄정이라는 명칭은 1534년에 지은 송순의 시 「종제양언진소쇄정(從弟梁彦鎭瀟灑亭)」에도 나타난다. 소쇄원이라는 명칭은 1576년 정철이 지은 「소쇄원제초정(瀟灑園題草亭)」이란 시에서 비로소 나타나는데, 이 시에 따르면 자기가 태어날 때인, 즉 1536년에 소쇄원을 세운 것이

3 정익섭, 「호남가단을 배경으로 한 하서 김인후 연구」, 『하서 김인후의 사상과 문학』, 하서기념회, 143쪽.

라는 내용이 언급되어 있고, '소쇄정'을 '소쇄원'으로 바꾸어 부르는 등의 변화가 있다.

1540년에 지은 쌍제(雙齊) 이수(李洙)의 「차운증소쇄옹(次韻贈瀟灑翁)」이라는 시가 있으며, 1542년에는 송순이 양산보의 소쇄원을 도왔다는 기록이 있다. "선생 50세에… 외종제인 양산보의 소쇄원 일을 돕다(先生五十歲……爲外弟梁公山甫 助瀟灑園)." 특히 1548년에는 김인후가 「소쇄원48영」을 짓게 되었으니 소쇄원이 거의 완성된 모습을 갖춘 것으로 보인다.

위와 같은 내용을 종합하면 최소한 1520년대 중반 이후부터 소쇄정이라는 소쇄원의 초기 형식이 있었고, 1530년대 중반에는 소쇄원이라 불리고 지금의 모습처럼 이루어졌을 것으로 보인다. 송순이 소쇄원 조영을 도운 시기가 1542년이고, 김인후가 '48영'으로 소쇄원의 아름다운 절경을 노래한 것이 1548년이니 이때에는 소쇄원의 경관이 완숙의 단계에 이르렀을 것으로 짐작할 수 있다.

그리고 이 무렵의 〈소쇄원도〉에 고암정사와 부훤당이 없는 것으로 보면 1570년 이전에 고암정사를, 1570~1574년 사이에 부훤당을 축조하였을 것으로 생각할 수 있다. 그러나 안타깝게도 1597년 정유재란으로 소쇄원의 모든 건물은 불에 타 없어지고 말았다. 지금의 모습은 양산보의 손자인 양천운이 1614년에 복원한 것이다.

비운의 처사 양산보

소쇄원을 만든 양산보는 연산군 9년(1503년)에 태어나 명종 12년(1557년)에 생을 마감했다. 그의 자는 언진(諺眞), 호는 소쇄공(瀟灑公), 소쇄옹(瀟灑翁), 처사공(處士公)이라 했다. 15세라는 어린 나이에 서울로 가 정암(靜菴) 조광조(趙光祖, 1482~1519)의 문하에서 수학했는데 스승이 바른 정치를 구현하다 기묘사화(1519년)에 연루되어 화순 능주로 귀양 가 사약을 받고 죽자 17세에 고향으로 돌아와 평생 세상에 나아가지 않고 은둔, 처사의 길을 걸었다.

선비가 불행하게도 때를 만나지 못하면 도를 마음에 담아둘 뿐 펼치지 못하며, 교화는 자신의 집안으로만 그치고 넓히지 못한다는 옛적의 말을 볼 때, 양산보는 선비의 큰 뜻을 펴지는 못하였으나 자신의 처지를 비관하지 않고 학문에 힘쓰며, 지역의 선비와 교류하고 나무와 화초를 가꾸고 원림을 조성하며 바른 삶을 살아간 선비의 본보기가 되었던 인물임을 알 수 있다.

후학인 이민서(1633~1688)가 지은 소쇄공의 행적을 기록한 글 「소쇄원양공행장(瀟灑園梁公行狀)」을 보자.

> 선생은 본래 덕성이 높고 학문을 연마하며 오래도록 함양하고 고요히 지킴을 돈독히 하였다. 충실하게 스스로 얻고 마음가짐을 고명하게 하니 안으로 쌓인 것이 밖으로 드러나 말년에 이르러 덕이 이뤄지고 행실이 진취하여 호남에서 위대한 선비로 존

경받는 인물이 되었다. 부모님에 대한 효성이 지극하여 부모 앞에서 웃는 얼굴과 환한 안색을 보이지 않을 때가 없었다. 일찍이 이르기를, "사람의 도는 효보다 큰 것이 없는데 사람의 아들 된 자로 능히 그 마땅히 해야 할 바를 못했다"고 하여 「효부(孝賦)」를 지어 그 근본을 밝히고, 여러 사람에게 읽게 하여 사람들을 감동케 하였다.

양산보의 부인은 광산 김씨로 정랑 김후의 딸이며 환벽당 주인인 사촌 김윤제의 누이였다. 그러니까 김윤제는 양산보보다 2살 연상이지만 손아래 처남인 셈이다. 결혼을 한 해는 언제인지 확실치 않지만 19세에 첫 아들을 낳고 21세에 차남인 자징이 태어났다. 25세에 셋째 아들이 태어났으며 그해에 부인이 죽게 되었다는 기록이 전한다.

양산보의 생애는 크게 세 가지로 구분 지을 수 있다. 1517년 이전까지의 성장기와 1517년부터 1519년까지의 수학기, 그리고 1519년부터 생을 마감할 때까지인 낙향 은일기이다. 그중 은일기인 20대에는 이미 결혼을 했고 자식을 낳았으며, 소쇄원에 대한 일단의 공사를 시작한 것으로 보인다.

30대에는 면앙정 송순, 하서 김인후, 석천 임억령 등과 학문적 교유를 하며 구체적인 소쇄원의 조영에 들어갔으며, 40대 초반에 완결을 지은 것으로 알려져 있다. 40대 중반에는 벼슬길에 천거를 받았지만 나아가지 않고 은일하며 부친에 대한 효성을 다하였고,

50대에 생을 마감했던 것이다.

양산보는 후손에게 "어느 언덕이나 골짜기를 막론하고 나의 발길이 미치지 않은 곳이 없으니 이 동산을 남에게 팔거나 양도하지 말고, 어리석은 후손에게 물려주지 말 것이며, 후손 어느 한 사람의 소유가 되지 않도록 하라"는 유훈을 남겼다. 하지만 안타깝게도 정유재란 때 왜적들로 인해 소쇄원 건물은 불에 타버렸고 손자인 양천운이 다시 중건했다는 기록이 남아 있으며, 5대손인 양경지에 의해 완전한 복구가 된 것으로 전해온다.

소쇄원은 양산보의 은둔처였지만 그의 곧은 뜻을 알게 된 사림들은 소쇄원을 중요한 공간으로 인식하고 주인과 교류함으로써 열린 공간으로 호남 사림의 명소가 된 것이다. 소쇄원 주인과 교류하였던 인사들의 면모를 보면 면앙정 송순, 석천 임억령, 하서 김인후, 고봉 기대승, 제봉 고경명, 서하당 김성원, 송강 정철 등 당대의 기라성 같은 선비들이었다. 이후 소쇄원은 양산보의 유훈(遺訓)대로 후손들의 극진한 보살핌을 받으며 15대 손까지 이르고 있다.

소쇄원과 양산보의 자연관

양산보를 흔히 처사(處士)라 한다. 이는 벼슬을 하지 않고 소쇄원에서 은둔의 삶을 살았기 때문이다. 그래서 그의 호를 소쇄옹이라 하고 그의 원림을 소쇄원이라 했다. 평생 '맑고 깨끗한' 세상을 고대하는 간절한 염원을 담았을 것이다. 같은 시대에 태어나 같은

모습으로 살아간 지리산의 처사 남명(南冥) 조식(曺植, 1501~1572)이 소미성(小微星)[4]에 비유되었던 것과 유사하다. 식영정 주변의 뒷산이 성산(星山)인 것도 사화로 인해 내려와 자연에서 지조와 절개를 지켰던 처사들을 상징하는 소미성산에서 비롯된 것이었다[5] 하겠다.

그런데 양산보의 소쇄원 조영에서 한 가지 특이한 점은 무이(武夷)의 구곡(九曲)과 같은 선계로서의 가치 이외에 재산으로서 소쇄원과 다소나마 인공을 가미한 소쇄원을 들 수 있지 않을까 한다. 즉 양산보가 소쇄원을 무이정사(武夷精舍)와 같은 공간으로 이해했기 때문에 '평천장고사(平泉莊故事)'를 따라 "소쇄원의 돌 하나 풀 한 포기라도 팔거나 어리석은 후손에게 물려주지 말라"고 유언했지 않았을까 하는 것이다.

평천장고사는 중국 당대의 이덕유가 낙양성 동쪽 교외에 평천장을 조영하면서 후손에게 "평천장을 팔거나 평천장에 있는 일수일석(一樹一石)이라도 남에게 주는 자는 내 자손이 아니다"라고 했던 것을 가리킨다. 김인후도 이를 본떠서 한양의 동쪽 교외에 평천장이라는 별서를 만들고 역시 비슷한 당부를 「평천장기」에 남긴 사례가 있는데, 양산보도 그러했으리라 짐작할 수 있다.

---

4 소미성은 처사의 위치에 해당하는 별로 처사성이라고도 한다.

5 소쇄원을 사랑하는 사람들의 모임, 『그림으로 다시 보는 소쇄원48영』, 책머리 양재영의 글 참조.

눈여겨볼 것은 양산보의 소쇄원 조영이 단순히 이덕유나 김인후의 사례를 본뜨는 데에 그친 것이 아니라는 점이다. 양산보는 자연 속에 묻혀 혼연일체의 삶을 살고 자연 속으로 사라지는 도교적인 삶보다는 자연을 구획지어 자신만의 세계인 정원을 만들고 살기를 원했으며, 자신이 죽은 후에도 일종의 인공경관인 정원을 다시 자연 속으로 돌려보내기보다는 후손이 계속 가꾸고 소유하기를 원했다는 점에서 오히려 상당히 현세적이고 어떻게 보면 서구적인 자연관을 가졌던 것이 아닐까하는 생각도 든다.

이러한 주장은 그가 도연명의 행적에 영향을 받았다는 점과 소쇄원의 조영기법에서 많은 인공물, 즉 건축물과 담장, 연못, 축대, 다리 등이 도입되고 조형성을 추구했다는 점에서도 설득력을 얻는다. 담장으로 공간을 구획지어 경계를 이루고 축대를 쌓아 나무를 심고 물을 끌어들여 조원을 살찌게 하였으며 사람이 사는 공간을 만들어 지내기에 편리하게 했으니 이 모든 것이 자연에 대한 그의 이해가 남과 달랐다 하겠다.

그럼에도 불구하고 소쇄원의 경관에서 인공과 자연의 조화가 적절히 이루어지고 있는 점은, 뛰어난 자연경관을 바탕으로 하여 당시의 별서문화의 정수를 구현할 수 있도록 영향을 준 여러 국면의 덕택이라고 하겠다.[6]

---

6 문화재관리국, 『소쇄원(瀟灑園)보존정비계획 및 설계』, 1983, 12~13쪽.

소쇄원과 호남사림

16세기 조선시대 전라도 남쪽 무등산 자락 원효계곡의 창암촌에 소쇄원이라는 아름다운 원림이 조성되고 수많은 사람들이 모여든 이유는 무엇일까? 그 사회적 상황과 사상적 배경은 무엇일까?

소쇄공 양산보와 소쇄원이 오늘의 모습으로 완성되기까지의 기간인 16세기 초·중엽은 연산군의 학정을 거쳐 중종이 반정으로 즉위하였으며 기묘사화로 개혁적인 신진사류들이 많이 죽게 된 사건이 발생한 때이다. 그 후 인종과 명종 대를 지나 선조 대에는 우리 역사상 가장 힘들었던 임진왜란과 정유재란이 일어났다. 백성들은 물론 양반과 벼슬길에 나서지 않은 선비들의 삶 또한 질곡이었던 시대. 유학과 성리학적 사유로 살고 있던 수많은 선비들이 각종 사화로 목숨을 잃게 되고, 외침에 의해 나라가 유린되고 위난에 빠져 있었으니 모두가 비탄의 나날을 보냈을 것은 당연하다.

소위 조선시대 사회를 이끌었던 인물들을 선비라 한다면 지방에서 성리학 연구와 후진양성에 힘쓰던 선비 집단을 '사림(士林)' 이라 부를 수 있다.[7] 조선시대의 철학적 지도이념은 당연히 성리학이다. 성리학은 16세기 이후 충과 효를 강조하는 유교적 교화의 논리적 근거를 이룬 학문으로 우주의 근원, 사물의 법칙, 인간의 본질 및 윤리문제 등을 체계화하여 크게 발달하였다. 소쇄원의 조영에 관여한 거의 모든 이들이 선비이고 사림이며 이들은 성리학

---

7 이해준, 「조선중기의 호남사림과 임억령」, 『석천 임억령의 문학과 사상』, 24쪽.

을 학문의 기본으로 삼았다.

조선 전기 중앙에 진출하기 시작한 호남지역 사림들은 대부분 출신 성분상 유사성을 갖고 있다. 우선 그들의 선조들은 조선이라는 새로운 왕조가 개창된 이후 정치적 격동기에 이성계를 중심으로 한 건국에 동참하지 않고 절의를 지켰거나 건국기의 정쟁에 연루된 사대부들로 정치적 박해를 피해 호남지역으로 내려왔던 사람들이다.

대부분의 조선 전기 신진사류들이 그랬던 것처럼 호남지방의 사림들도 명분을 유교논리에서 찾았다. 그중에서도 도학과 의리를 기본적 덕목으로 삼고 이를 실천논리로 확립해 갔다. 이 같은 의리실천의 문제가 강하게 제기된 것은 수양대군의 왕위찬탈에 대한 사육신의 반대를 비롯하여 김종직의 「조의제문(弔義帝文)」으로 인한 1498년(연산군)의 무오사화, 폐비 윤씨와 연루된 1504년의 갑자사화, 그리고 조광조 등 신진사류가 숙청된 1519년(중종)의 기묘사화 등의 정치적 상황 탓이었다.

이렇게 계속된 여러 사화를 거치면서 사림세력의 논리와 명분은 왕권과 결탁된 훈구집권세력에 의해 탄압을 받게 되지만, 1506년 중종반정으로 사림의 명분과 사회적 입지가 새롭게 인정받게 되었다. 연산군의 방탕과 패정(悖政)에 종지부를 찍은 중종반정은 바르지 않을 때에는 군왕마저도 그 징계대상에서 제외될 수 없다는 것을 보여주는 교훈이기도 했다.

중종반정 이후 이러한 논리는 당시 사림파의 정신적 영수이자

양산보의 스승인 조광조가 왕도정치를 표방하면서 더욱 강하게 제기되었다. 호남의 인맥도 사실은 이러한 배경과 연계하여 성장하게 된다. 중종반정으로 연산군을 몰아내고 폭정을 개혁하고자 하는 혁신정치의 의욕에 따라 조광조를 비롯한 신진사류가 정계에 활발히 진출하였다. 이에 따라 이들의 이념을 추종하는, 즉 도학적 학풍을 따르는 호남 출신의 사류가 나타나게 되었으며, 이들도 점차 정치적 문제에 관여하게 되었다.

나아가 젊고 참신한 유생 등을 정치무대에 적극 참여시키고 도학정치의 이상을 실현시키기 위해 지방의 유생들을 천거토록 하고, 이들을 시험을 거쳐 등용하는 현량과(賢良科)를 실시하였다. 또한 사장시부(詞章試賦)를 배척하고 국가의 도교적 행사장소인 소격서(昭格署)를 철폐시키는 등 미신타파와 이학숭상을 강조하여 유교에서 말하는 성현의 다스림을 실현하고자 하였다.

이와 같은 사회적 상황으로 양산보도 상경하여 조광조 문하에서 수학되었으며 현량과에 응시하였으나 실패했다. 불행하게도 스승이 유배당하고 사사되자 결국 창암촌으로 낙향하여 은일의 삶을 살게 되었던 것이다.

양산보의 스승인 조광조가 사사된 기묘사화는 호남지역의 성리학 발달에 매우 중요한 영향을 주었다. 우선 기묘사화의 피해자들을 사류의 모범으로 삼고, 이들을 성리학의 바른 길을 실천하는 자들로 인정함으로써 성리학의 도학화 경향이 한층 더 강하게 일어나게 되었다. 실제로 호남출신 다수의 사류가 조광조와 더불어

도학정치를 주장하다가 화를 당해 처형되거나 유배되었다. 따라서 이들을 존경하여 숭배하는 풍조가 생겼으며 호남지역의 유학이 발전하고 성리학의 지역 확산에 한몫을 하게 되었다.

3
소쇄원과 '소쇄원 시단(詩壇)'

양산보는 그 조용한 성격이나 은일적인 삶의 행적으로 보아 많은 친구들과 떠들썩하게 사귀기보다는 소수의 벗과 깊이 사귀었을 것으로 짐작된다. 그럼에도 소쇄원은 빼어난 경관과 주변의 수많은 정자원림으로 보아 당대의 시인묵객을 비롯한 명현들이 모이거나 묵어간 장소였을 것임에는 틀림없다.

'소쇄원시단' '성산가단'

기록에 남은 소쇄원을 방문한 인물들은 70여 명에 이른다. 이들 가운데 송순과 김인후가 양산보의 인생과 학문뿐 아니라 소쇄원의 조영에 큰 영향을 미친 절친한 인물들이다. 정철, 고경명, 임억령 등 수많은 선비들의 학문과 사상에도 지대한 영향을 미쳤다. 당대 이름 있는 시인들은 이곳에서 모여 교류하고 시단활동의 성황을 이루었으니 한국 시가문학의 산실로서 소쇄원의 의미가 크

다 할 것이다.

담양과 광주를 중심으로 한 호남사림들은 무등산 기슭의 성산동(星山洞)과 지석촌을 중심으로 활동했다. 성산동, 즉 별뫼의 식영정과 서하당, 소쇄원과 환벽당 등이 그들의 활동무대가 된 것이다. 성산사선(星山四仙)인 임억령, 김인후, 기대승, 양응정과 식영사선(息影四仙)인 임억령, 고경명, 정철, 김성원, 환벽당의 김윤제, 면앙정의 송순 등이 호남사림의 영향을 받아 형성된 시가문학권의 대표적인 인물이라고 할 수 있다. 특히 당시 소쇄원을 찾아 시를 남긴 대표적인 인사들은 송순, 김인후, 임억령, 기대승, 고경명, 송인수, 유희춘, 이후백, 김성원, 정철, 백광훈, 백진남, 정홍명, 오겸, 양응정, 임제 등이다.

이들이 이룬 시단(詩壇, 혹은 歌壇)은 글을 짓는 장소만이 아니라 문인들의 집단을 지칭하는 말로 쓰이는 것이 통례다. 소쇄원 주변에는 식영정 가단, 면앙정 가단 등이 형성되었는데 이들 가단은 날로 발전하여 전국의 시인묵객들이 찾지 않을 수 없는 유명한 가단이 되었다. 소쇄원을 드나든 이들을 가리켜 소쇄원시단이라 칭할 수 있을 것이며 식영정과 환벽당, 그리고 소쇄원을 통칭하여 종합적으로 성산가단이라 부를 수도 있을 것이다.[8]

이들의 인맥을 보면 대부분 사제지간이 아니면 교우관계이거나

8 이을호, 「한국의 정원1- 소쇄원」, 『사람 사는 이야기』, 1991. 10, 창간호, 88~93쪽.

제월당은 주인이 거처하며 조용히 독서하는 곳이었다.

인척관계이다. 송순과 김인후, 임억령과 김성원, 임억령과 정철, 김인후와 정철, 기대승과 정철, 양응정과 정철은 사제지간이고 송순과 임억령, 정철과 고경명, 정철과 백광훈은 교우관계이며 인척관계는 송순과 양산보, 김윤제와 양산보, 양산보와 양응정, 김성원과 정철 사이가 그렇다.[9] 특히 양산보와 환벽당 주인 사촌 김윤제와의 사이는 처남, 매부간이라는 사실이 별로 알려져 있지 않았으나 양씨 족보에서 나타난다. 즉 김윤제의 아버지이고 양산보의 장인인 김후(金珝)가 3남 1녀를 두었는데 그 외동딸이 김윤제의 누이이자 양산보의 부인인 것이다.

수많은 시인묵객들이 소쇄원을 찾은 이유

소쇄원이 처음에는 한낱 양산보의 은둔처 별장이었을지 모르지만 이를 중심으로 많은 선비들이 모여든 까닭은 무엇일까? 기묘(1519년)와 을사(1545년)에 일어난 두 사화는 뭇 선비들의 삶을 뒤흔들어 놓았다. 그들이 모인 자리에 정치적 사건과 가족사의 한이 빠질 수 없었을 것이니 이를 달래줄 술과 노래와 시도 응당 빠지지 않았을 것이다.

소쇄원은 그들의 한과 꿈을 달래주기에 다시없는 장소가 되었을 것이다. 기묘사화로 양산보가 귀향한 후 소쇄원이라는 별서원림

9 정익섭, 「호남가단을 배경으로 한 하서 김인후 연구」, 『하서 김인후의 사상과 문학』, 하서기념회, 183쪽.

을 조성한 것은 말할 것도 없고, 김인후가 을사사화를 피해 장성으로 하향한 1550년을 전후로 시단활동이 그 절정에 달한 때로 보인다. 이때 양산보의 나이가 사십 고개를 갓 넘은 장년기에 이르렀으니 더욱 그러하다.

정치적인 얘기를 비롯하여 문학과 인생, 애증이 얽힌 가족사에 이르기까지 당시 그들이 나눈 이야기는 참으로 대단했을 것이다. 한 시대 또는 한 지역의 시단이 어느 한두 시인의 힘만으로 형성되었으리라고는 생각하기 어렵다. 이들은 소쇄원뿐만 아니라 식영정과 면앙정을 비롯하여 주변의 누정명소를 찾아다니며 한시(漢詩)와 시조, 그리고 가사(歌辭)를 지으며 한국문학 발전의 주역이 되었다.

소쇄원과 관련한 시단의 인물을 이야기할 때 흔히 주옥같은 시단의 명장들을 다 제쳐놓고 정철 아니면 송순을 꼽는다. 이 두 사람이야 어느 모로 보더라도 소쇄원 주변이 낳은 거봉임에는 틀림없지만, 그들의 삶의 모습이 서로 남다른 까닭은 어디에 있을까?

송순은 벼슬이 좌찬성의 높은 자리에 올랐으나 이를 가볍게 버리고 고향 담양으로 내려와 면앙정을 세워 생활하였고 소쇄원의 시단형성에 도움을 주었다. 그러나 정철은 이와는 대조적으로 당화와 귀양살이로 점철된 일생이어서 그가 비록 소쇄원을 출입하였다 하더라도 소쇄원 시단의 형성에 있어서는 주된 자리를 면앙정에게 양보해야 하지 않을까 싶다.[10] 뿐만 아니라 정철은 기축옥사(己丑獄事)로 수많은 호남선비들이 죽음에 몰리고 질곡에 빠진

것과 무관하지 않다.

특히 일대의 원로였던 송순은 자신의 정자인 면앙정을 경영했던 경험으로 양산보의 소쇄원 조영을 도왔으며 김인후 역시 평천장 정원의 경험을 살려 도왔다.[11] 인척으로 맺어진 세 사람은 평생의 동지이며 문화적 동반자였다. 이외에도 담양부사를 지냈던 임억령, 계곡 건너 인근의 환벽당 주인 김윤제 역시 도움을 주었다. 따라서 양산보, 송순, 김인후, 임억령, 김윤제 등을 소쇄원 경영의 1세대라 한다면 양산보의 두 아들 자징과 자정, 고경명, 기대승, 정철, 김성원 등은 2세대라고 할 수 있다.[12]

소쇄원의 2세대 인물들 역시 자신의 정자와 원림을 경영했던 전문가들이며 소쇄원 완성에 유무형의 도움을 주었을 것이다. 특히 고봉 기대승은 을사사화 때 19세 소년으로 큰 충격을 받고 두문불출하였고, 그 후 을사사화의 장본인 윤원형에 의해 그의 알성시 급제가 방해를 받았다는 사실, 그의 숙부 기준이 양산보에게 벼루와 붓을 전해주었던 사실 등으로 미루어 볼 때 기대승과 소쇄원의 인연은 매우 자연스러웠을 것이다. 그는 조광조 이후 도학의 맥을 퇴계와 논쟁을 통해 여기에 심어 놓았던 것이다.

---

10 이을호, 앞의 글.
11 정동오, 「양산보의 소쇄원에 대하여」, 『한국조경학회지』 2권, 1973, 23쪽.
12 김봉렬, 「소리와 그늘과 시의 정원-소쇄원」, 『이상건축』, 1996년 7월호.

오곡문. 담 밑의 구멍으로 흐르는 계곡물 옆에 현문이 있었으나 문자리 구멍만 뚫려 있다.

호남유림들의 교류의 장

소쇄원의 3세대 인맥은 양산보의 손자인 양천운을 중심으로 형성된다. 그러나 앞 세대와 같이 이름만 들어도 알 만한 거물급은 눈에 띄지 않는다. 이 무렵 소쇄원은 임회(林檜) 등 기호학파에 속한 호남유림들의 휴양지로 이름 높았으나 이미 은둔보다는 참여하는 지식인을 높게 평가하는 세상이 되었다. 은둔적 성향의 호남유림들은 기호학파 내부에서도 김장생을 위시한 충청권 사림에게 정치적이고 학문적인 주도권을 넘겨줄 수밖에 없었다.[13]

그럼에도 거물급 기호학파 인사들이 이 지역 원림을 자주 순방했고 이름난 정자에는 송시열이 쓴 현판들이 걸리게 된다. 송시열은 특히 소쇄원의 아름다움에 매료되어 담벼락과 건물의 현판들을 남겼고 예의 〈소쇄원도〉의 원판을 직접 그렸다고까지 전한다. 다만 소쇄원도의 제작연대가 1755년이기 때문에 송시열의 생존기간(1607~1689)과 맞지 않아 그가 직접 그렸다고 보는 것은 적절하지 않고 과거에 써놓았거나 그려 놓은 것으로 추정된다.

정유재란 때 불에 타버린 소쇄원의 원림 재건에 심혈을 기울였던 양천운은 재건이 어느 정도 완료되자 뒷산에 한천정사(寒泉精舍)를 건립하고 경영했다.[14] 소쇄원의 안에는 이미 할아버지와 아버지 대에 세워진 건물들로 가득했기 때문일 것이다. 한천정사란 장자가

---

13 김봉렬, 앞의 글.
14 양재영, 『소쇄원시선』, 소쇄원시선편찬위원회, 1995, 130쪽.

경영했던 정사의 이름과 같다. 그래서 소쇄원 오곡문 바깥으로 나가 한천정사에 이르는 길을 '장자 모퉁이' 라고 부른다. 이후 소쇄원 주변에 경영된 소속 정자들은 15개소에 달했다 한다. 따라서 이즈음은 소쇄원 바깥의 외원이 활성화되었던 시기로 볼 수 있다.

4
소쇄원을 알게 해주는 귀중한 사료들

소쇄원의 옛 모습을 살펴볼 수 있는 오래된 자료로서는 김인후가 노래한 오언절구(五言絶句)인 「소쇄원48영」(1548년)을 비롯하여, 고경명이 무등산 일대를 돌아보고 쓴 「유서석록(遊瑞石錄)」(1574년), 양산보의 5대손인 양경지(梁敬之)의 『방암유고(方菴遺稿)』(1696년)에 나타난 「소쇄원30영(瀟灑園三十詠)」, 양씨가문의 글을 모은 『소쇄원사실(瀟灑園事實)』(1731년), 소쇄원의 모습을 구체적으로 그린 판화 〈소쇄원도(瀟灑園圖)〉(1755년), 『양씨족보(梁氏族譜)』 등이 있다. 이들 이외에도 부분적으로 소쇄원의 모습이나 그곳을 들렀던 일, 소쇄원과 관련된 인물들과의 관계를 말한 내용이 『면앙집(俛仰集)』, 『송강집(松江集)』, 『서하당유고(棲霞堂遺稿)』, 『하서집(河西集)』, 『삼연집(三淵集)』, 『송천집(松川集)』, 『만덕집(晩德集)』, 『고봉집(高峯集)』 등에 나타나고 있다.

이들 중에서 목판으로 판각된 〈소쇄원도〉에는 당시 정원의 배치

와 구조, 식물에 이르기까지 아주 자세히 표현되어 있으며, 「소쇄원48영」은 다소 관념적이기는 하나 소쇄원의 여러 장소와 시설들을 은유적으로 노래하고 있어 소쇄원을 이해하는 좋은 자료가 되고 있다.

김인후의 「소쇄원48영」

김인후는 양산보의 아들 양자징의 스승이자 장인으로 양산보와는 사돈임과 동시에 친구로서 소쇄원 조영에 가장 깊게 관여한 사람이다. 그는 오랜 벼슬길에서 경험한 원림에 대한 지식을 통하여 소쇄원의 조성과정에서 많은 조언을 했다. 평천장을 비롯한 원림에 대한 식견이 밝고 시문에 빼어났으니 소쇄원의 풍경을 내재적인 가치와 의미를 반영하여 노래한 「소쇄원48영」은 1548년 무렵의 소쇄원을 잘 표현하고 있는 명문이라고 하겠다.

김인후의 자는 후지(厚之)이며, 호는 담재(湛齋)인데 보통 자호인 하서(河西)를 더 많이 사용한다. 본관은 울산이며 전남 장성 출신이다. 1510년에 태어나 1560년까지 살다간 학자이자 문장가다. 그는 어려서 향리에서 김안국과 최산두 등에게서 18세까지 수학하다가 성균관에서 수업하였고, 사마시와 별시 문과에 등과하였다. 홍문관 박사 겸 세자시강원 설서가 되어 세자를 보필하며 가르쳤으며 옥과현감을 지내기도 했다. 그는 명종이 등극하던 1546년 벼슬을 버리고 고향으로 돌아와 자연 속에 묻혀 강학과 시로 말년을 보냈다. 그가 태어난 1510년은 소위 4대사화로 얽힌 시절

이었다. 그중에서도 기묘사화와 을사사화는 그의 생애와 깊은 관련이 있다. 또한 그는 당대의 대표적인 성리학자였으며 조경에도 일가견이 있었다. 이는 당나라의 이덕유 경영했던 「평천장기」를 남긴 것을 보더라도 짐작할 수 있다.

하서는 성산(星山) 주변의 속칭 정자골에 있는 식영정을 비롯하여 서하당, 환벽당, 소쇄원 등지에 수시로 출입하며 시를 지었다. 특히 소쇄원이 주된 무대였는데 대강 보아도 16군데나 보이며 「소쇄원48영」이 대표적이라 할 수 있다.[15] 하서는 양산보에 비하여 7년 수하지만 일찍부터 교우관계가 있었으며 사돈을 맺었기 때문에 소쇄원에 자주 들러 기거하였다. 「소쇄원48영」은 하서가 49세이던 1548년경에 읊은 것이다. 양산보가 장편의 「효부」를 지었을 때 하서가 그 운에 답한 일도 있었다. 특히 하서가 젊어서 최산두에게 찾아가서 배울 때 최산두는 동복에서 15년 동안 자리를 짜고 있었다. 하서가 장성에서 그곳에 가자면 반드시 소쇄원에 들러 쉬었으며 양산보와는 도의의 사귐이 있었다. 또한 그곳의 수석과 과축(過軸)[16]을 사랑하여 한번 오면 어느 때는 한 달이 넘도록 돌아가기를 잊고 토론하고 흥취에 젖어 술 한 잔에 시 한 편을 읊었다. 이런 분위기에서 술 한 잔 마실 때마다 한 편씩의 시가 탄생하여

15 나종우, 「김인후의 河西集」, 『금호문화』, 향토고전48, 금호문화재단.
16 『시경』에 나오는 말로 은거낙도(隱居樂道)하는 현자에게 쓰는 말. 여기에서는 가군(家君) 양산보를 일컬음.

「소쇄원48영」을 이루게 된 것이다. 소쇄정에 붙여 영(詠)할 때 그의 시가 단순히 자연경관을 아름답게 묘사했다고만 볼 수 없고 현자들의 도를 이야기한 것이다.

양산보의 손자 양천운은 「소쇄원계당중수상량문(瀟灑園溪堂重修上樑文)」에서 소쇄원을 무이(武夷)에 비겼다. 양산보 또한 도학에 큰 관심을 가진 인물이었다. 자연을 읊되 경(景) 속에 뜻을 갈무리고 도(道)를 말하되 생경하게 직설하지 않은 것이 주자 이래 도학자가 시를 짓는 태도였다. 『하서전집』에는 소쇄처사공에 관한 시가 80수, 양산보의 아들인 고암공(鼓巖公) 양자징에 관한 시가 50수에 이른다.

5언절구인 '48영'은 12영씩 4단락으로 구성되었다. 48이라는 숫자에도 뜻이 있다. 육효(六爻)가 일괘(一卦)이니 8괘(八卦)의 효는 48이다. 48에는 우주만상의 변화와 상생의 이치가 모두 들어 있다. 김인후는 「소쇄원48영」에서 자연과 인생의 모든 도를 포함하여 시로 여과시키려 했을 것으로 보인다.[17] 이런 초야(草野)의 시는 건물에 부착된 시보다 다소 무미건조한 경우가 많으나, 「소쇄원48영」은 화려하고 증행시(贈行詩)[18]의 기법을 썼다.

하서의 「소쇄원48영」은 1755년에 제작된 〈소쇄원도〉에 새겨져 있으며 소쇄원도에 써 있는 승경은 「소쇄원48영」의 제목과 똑같

---

17 『소쇄원시선』, 앞의 책, 55쪽

18 어떤 장소를 떠나게 될 때 그 시대의 명유(名儒)들이 모두 전송하는 시를 말한다.

은 곳이 6군데나 된다.

고경명의 「유서석록」

「유서석록」은 임진왜란 의병장인 제봉(霽峰) 고경명(高敬命, 1533~1592)이 현재의 무등산인 서석산을 돌아다니면서 쓴 일종의 기행문이다. 고경명이 41세 되던 해인 1574년 4월 20일부터 24일까지 5일간 당시 광주목사 임훈(林薰)과 함께 무등산을 오른 감상을 순 한문으로 기술한 것이다. 이때 고경명은 벼슬에 있지 않고 파직된 상태였다. 길지 않은 글이지만 이 글에 소쇄원에 관한 내용이 잘 나타나고 있어 당시의 모습을 파악하는 데 참고가 된다.

> 포시(晡時, 申時 : 오후 3~5시)에 소쇄원에 이르렀으니 여기가 바로 양산인(梁山人) 산보(山甫)의 구업(舊業)이다. 계류(溪流)가 집의 동쪽으로부터 담장을 통하여 집으로 흘러 들어와서 물소리도 시원스럽게 아래쪽으로 돌아내린다.
>
> 그 위에는 자그마한 외나무다리[약작(略彴)]가 걸려 있다. 다리 아래쪽에 있는 돌 위에는 저절로 패인, 절구처럼 생긴 웅덩이가 있는데, 이것을 조담(槽潭)이라고 부른다. 여기에 괴었던 물이 아래로 쏟아지면서 작은 폭포를 이루고 있는데, 물소리가 마치 거문고 퉁기는 소리처럼 영롱하다.
>
> 조담(槽潭) 위에는 노송이 마치 너부죽한 덮개처럼 담면(潭面)

을 가로질러 누워 있다. 소폭(小瀑) 서쪽에는 작은 집 한 채[광풍각(光風閣)]가 있는데, 그 모습이 마치 화선(畫船) 같다. 그 남쪽에는 돌이 여러 층으로 높이 쌓여 있고[석가산(石假山)], 소정(小亭)으로서 나래를 삼았는데, 정자(亭子)[대봉대 위의 초가 정자]의 모습이 마치 우산을 펴놓은 것 같다. 처마 바로 옆에 벽오동이 서 있는데, 늙어서 가지가 절반가량 썩어 있다.

정자 아래쪽에 못[소당(小塘)]을 꾸며 놓았는데, 홈을 판 통나무[비구(飛溝)]로 계류를 끌어들이고 있다. 못 서쪽에는 굵은 대숲이 있는데, 마치 옥돌을 즐비하게 세운 것 같아 즐겨볼 만하다. 대숲 서쪽에 연지[蓮池, 박지(蓴池)]가 있는데 돌로 만든 고랑으로 물을 끌어들이고 있다. 다시 대숲 아래를 지나서 연못 북쪽에 다다르면 물방아[수대(水碓)]가 있다

내가 구경한 바 산뜻하고 깨끗하지 않는 것이 없으니, 그 물사(物事)가 하서(河西)의 48영(四十八詠)으로 죄다 그려졌다고 하겠다.

주인 양군(梁君) 자정(子渟)이 선생[林勳]에게 술을 대접하였다.

고경명은 어찌 이처럼 짧은 글로 간결하게 소쇄원의 모습을 잘 표현하고 있을까? 그는 글 솜씨뿐 아니라 소쇄원에 대한 이해와 조원에 대한 폭넓은 식견을 지니고 있었음을 쉽게 알 수 있다. 고경명이 소쇄원을 방문했을 때 소쇄원의 주인은 양산보의 셋째 아들인 자정이 있었고 함께 간 임훈과 술대접을 받았다는 사실까지

적고 있다. 자정과 제봉은 친구 사이였고 파직당해 혼자 글을 읽고 교육에 전념했던 제봉이 당시 광주목사였던 임훈과 함께 친구의 소쇄원을 찾아 우정을 나누고 이를 글로 쓴 것이니 그 풍경이 인간적인 따뜻함을 느끼게 한다.

1574년 당시에 그의 글에 나타난 소쇄원의 각 요소들을 1755년의 〈소쇄원도〉에서 표현한 명칭들과 비교해 보면 약작(略彴), 조담(槽潭), 광풍각, 석가산, 소정, 벽오동, 소당, 비구(飛溝), 연지, 수대(水碓), '48영' 등이 나타난다. 이러한 내용의 전후관계를 보면 김인후의 '48영'과 고경명의 「유서석록」, 그리고 〈소쇄원도〉에 나타나는 소쇄원의 모습이 200년 가까운 세월 동안 거의 변화하지 않고 잘 유지, 보존되었음을 알 수 있다.

양경지의 『방암유고』와 「소쇄원30영」

양경지는 조선 후기의 학자로 양산보의 5대손이다. 『방암유고(方菴遺稿)』는 1696년에 쓰인 양경지의 시문집이다. 이 『방암유고』에는 「소쇄원30영」이 있어 더욱 의미가 크다. 양산보의 4대손인 양진태(梁晋泰)가 고향을 읊은 시 30수가 소위 「소쇄원 30영」인데 이 시는 현재 확인할 수 없고, 양경지가 이에 차운하여 「소쇄원 30영」(「謹次仲父家山三十詠韻」)을 새롭게 쓴 것이다.

『방암유고』는 2권 2책으로 구성되어 있다. 필사본으로 영조연간에 아들 학연(學淵)이 편집, 필사하였다. 그 뒤 전라남도에서 발행하는 『향토문화연구자료』로 영인, 간행하기 위하여 권두에 정당

광풍각과 그 앞을 흐르는 계류

(鄭棠)의 서문과 권말에 8세손 승종(昇鍾)의 발문을 붙였다. 현재 변시연가(邊時淵家)에서 소장하고 있다. 권1·2에 시 900여 수와 시서(詩序)·시발(詩跋) 10여 편 및 부록이 수록되어 있다. 시에는 1689년 송시열이 제주도에 유배될 때 지은 시와 송시열의 증손인 무원(婺源)의 삼인계(三仁溪) 유배생활을 읊은 시를 비롯하여 정호 등의 고난의 삶을 위로하는 시가 있다.

또한 존명사상(尊明思想)이 표출된 「호운이근백년미복기망감격서차(胡運已近百年未卜其亡感激書此)」·「문강희조지희(聞康熙之喜)」 및 이상설(李相說)·정홍주(鄭弘周)·김창흡 등의 만시가 있다. 그리고 「황년탄(荒年歎)」·「남한산성」·「독사(讀史)」·「우후상매(雨後賞梅)」 등을 포함한 다양한 제재의 시가 있다.

시서 및 시발 등은 특히 호남지방의 각종 정자 및 사찰에 대한 유래를 고증하는 데 좋은 참고자료가 되고 있다. 한편 부록에는 종질 학겸(學謙)이 찬한 행장의 초문(草文)과 그밖에 변시연(邊時淵)이 찬한 저자의 묘표(墓標) 등이 수록되어 있다.[19]

양씨가문의 문집 『소쇄원사실(瀟灑園事實)』

『소쇄원사실』은 1731년에 간행된 양산보와 그의 후손들의 문집인데 13권 3책으로 이루어졌다. 양산보의 후손인 양진태에 의해

19 『한국민족문화대백과』, 한국학중앙연구원.

주로 편집되었다. 이들 자료 중 일부가 번역되어 최근 양산보의 15대손인 양재영에 의하여 『소쇄원시선』(1995)이라는 책으로 출간되었다. 이 책에는 64명에 이르는 시인의 작품 약 400수가 실려 있다.

전체는 13권로 되어 있는데 「소쇄원사실서(瀟灑園事實序)」로부터 시작하여 「양씨가승발(梁氏家乘跋)」과 「소쇄원사실 범례」, 「소쇄원사실 목록」 등으로 서론 부분이 구성되어 있고 본론 부분에서는 권일(卷一)에서 권십삼(卷十三)까지 이어진다. 본문은 다시 천(天, 1권 4권), 지(地, 5권 9권), 인(人, 10권 13권)의 세 부분으로 나누어졌다.

그 대표적인 글은 양산보의 「효부」와 김인후의 「소쇄원 형 양산보에게 드리는 글」을 비롯하여 고경명, 최경창, 송순, 이수, 김언거, 오겸, 임억령, 기대승, 정철, 백광훈, 정홍명, 윤인노, 양천운, 양자징 등의 글이 실려 있다. 특히 이 책을 보면 호남출신이 아니면서 이름난 문인이었던 조위한(趙緯韓, 1558~1649), 김창흡(金昌翕, 1653~1722), 김춘택(金春澤, 1670~1717), 이하곤(李夏坤, 1667~1724) 등 여러 사람들이 먼 곳에서 찾아와 시문을 남겼음을 알 수 있다.[20] 『소쇄원사실』 완본은 근래에 번역되어 출판되었다.

---

20 김대현, 「방암 양경지의 '소쇄원30영' 연구」, 『한국언어문학』, 2000, 33쪽.

〈소쇄원도〉

〈소쇄원도〉는 소쇄원을 구체적이고 사실적으로 묘사한 목판화이다. 이 판화는 1755년 4월 하순경 목재판에 판각한 양각(陽刻) 가판화(家板畵)이다. 우암 송시열(1607~1689)이 제작한 것이라는 설이 있으나 송시열의 생존연대와 〈소쇄원도〉의 제작시기가 서로 맞지 않아 송시열이 과거에 그려 놓은 그림을 중심으로 후대에 제작한 것이든지 아니면 송시열의 글씨가 소쇄원의 여러 곳에 있다는 표현을 〈소쇄원도〉로 이해한 것이 아닌가 한다.

특히 『소쇄원사실』에 양진태가 〈소쇄원도〉를 배경회에게 보내는 기록이 있다. 〈소쇄원도〉를 받은 배경회는 「양내숙의 소쇄원도의 시에 차운하다」라는 시를 1672년 보낸다. 그 시 내용을 보면 "그대 선원(先園)의 그림을 얻으니/원림의 면면이 같아 보이네"라고 답하고 있다. 이를 보면 목판도 〈소쇄원도〉가 제작되기 전에 소쇄원에는 〈소쇄원도〉라는 그림이 있었다고 생각된다. 그렇다면 지금 우리가 즐겨 보는 〈소쇄원도〉는 1755년에 판각한 〈소쇄원도〉의 밑바탕이 되고 있는 예전의 그림이 그 이전에 만들어졌기 때문에 1755년 이전의 모습을 판각하여 만든 것이 아닌가 하는 추정이 가능하다.[21]

〈소쇄원도〉의 크기는 가로 36㎝, 세로 25.5㎝, 두께 2㎝ 정도이

21 정재훈, 『소쇄원, 빛깔있는 책들』, 대원사, 2000, 108쪽.

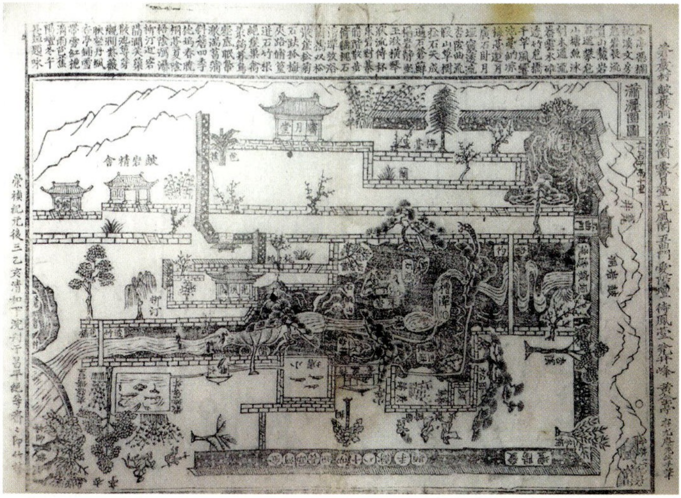

소쇄원도

며 뒷면에는 제주도의 삼성혈(三姓穴)이 새겨져 있었다고 전한다. 즉 〈소쇄원도〉의 뒷면에 제주도(濟州圖)가 그려져 있는데 특히 제주도의 주요한 3대 성씨인 양(梁), 고(高), 부(夫) 3성(姓)의 사우를 중심으로 그려져 있다고 후손들은 전한다.

〈소쇄원도〉에는 소쇄원 내부의 세세한 모습을 비롯하여 김인후의 「소쇄원48영」과 담장 밖 멀리에 있는 건물과 산도 언급되어 있다. 그러니까 〈소쇄원도〉는 단순히 원림을 감상하거나 기록하기 위해 사실적으로 풍경을 그려낸 실경화(實景畵)라기보다는 원림의 다양한 조원 요소, 즉 건물과 계곡, 나무와 물길 등 하나하나에 문학적 상념과 철학적(혹은 도학적) 의미를 부여하기 위해 표현하

〈소쇄원도〉에 나타난 소쇄원 일대는
담장으로 둘러진 내원 외에 창암촌, 죽림재, 고암동, 황금정 등이
표기되어 있는데 이는 소쇄원의 외원에 해당한다.

고 이를 감상했다는 점에서 큰 의미를 갖는다.

〈소쇄원도〉는 그림 상단부에 「소쇄원48영」에 해당하는 각각의 시제가 기록되어 있으며, 화면의 중심에 소쇄원의 모습을 평면과 입면으로 동시에 표현하였다. 각 공간구성 요소의 명칭을 그림과 함께 표기하였는데 고암정사와 부훤당은 「소쇄원48영」이 지어진 이후에 조성된 건조물로 그림에서만 표현되어 있다.

〈소쇄원도〉에서 확인할 수 있는 원림의 구성을 살펴보면 광풍각, 제월당, 부훤당과 고암정사, 오곡문, 대봉대, 매대, 도오 등 건축요소가 표현되어 있으며 대봉대 상부에 위치한 초정은 '소정(小亭)' 이라는 이름으로 표시되어 있다. 또한 수경관 연출과 관련된 요소로서 원림을 가로지르는 계류와 함께 상지와 하지, 조담, 폭포가 나타나며, 계류와 연결된 홈통은 상지로 유입되는 구조를 보이고 있다. 이 외에 상지와 하지 사이에 위치한 '수대(水碓)' 는 수경관 연출기법으로 물레방아를 도입한 것으로 보인다. 석조물로는 석가산, 오암(鰲巖), 광석, 상석, 탑암(榻巖) 등이 확인되며, 도입식물로는 소나무, 대나무, 은행나무, 파초, 매화, 버드나무, 동백나무, 배롱나무, 복숭아나무, 벽오동 등이 나타났다.

〈소쇄원도〉 하단에는 애양단(愛陽壇)이라는 문구와 함께 '김하서장원48영수제(金河西長垣四十八詠手題)' 라 쓰인 담장이 둘러져 있는데, 이는 김인후의 '48영' 을 담장에 기록한 것으로 「소쇄원48영」 중 '48영' 에 해당하는 '장원제영(長垣題詠)' 과 관련 지을 수 있다.

또한 〈소쇄원도〉의 오른쪽 구획선 밖으로 위에서 아래로 창암촌, 고암동, 소쇄원, 제월당, 광풍각, 오곡문, 애양단, 대봉대, 옹정봉, 황금정이라 써 있고 이어서 우암 송시열의 수필이 있다('在尤庵先生手筆')고 하였다. 그리고 왼쪽 외곽에는 '崇禎紀元後三乙亥淸下浣刊于昌平絕等齋齋竹林'이라 하여 1755년에 제작된 것이며 절등재가 죽림재라는 것을 추정할 수 있다. 이들은 소쇄원도의 장방형 구획 윤곽 밖 좌측이나 우측에 기록된 것들로 구체적인 모습이 그려져 있지 않아 과연 어디에 있었고 어떤 모습이었는지 모르겠다. 다만 〈소쇄원도〉에 글자로 기록되어 나타남으로 분명히 어디엔가 있었을 것으로 보인다.

이처럼 〈소쇄원도〉에 나타난 소쇄원 일대는 담장으로 둘러진 내원 외에 창암촌, 죽림재, 고암동, 황금정 등이 표기되어 있는데 이는 각각 「소쇄원30영」의 시제에 나타나는 2영 창암동(蒼巖洞), 14영 죽림사(竹林寺), 24영 고암동(鼓巖洞), 30영 황금정(黃金亭)과 관련된 요소로서 소쇄원의 외원에 해당한다.

5
소쇄원의 건축물

소쇄원은 조선 중종 때의 선비인 양산보가 기묘사화로 은사인 조광조가 능주로 유배되고 사사되어 세상을 뜨자 현세적인 출세의 뜻을 버리고 자연 속에 숨어 살기 위해 꾸민 별서원림이다. 소쇄원은 주거와의 관계에서 볼 때는 본가의 뒤에 위치한 하나의 후원(後園)이다. 공간구성과 기능면에서 볼 때는 입구에 전개된 전원(前園)과 계류를 중심으로 하는 계원(溪園) 그리고 안집인 제월당을 중심으로 하는 내원(內園)으로 되어 있다. 물론 담장 밖의 외원(外園)도 있다.

내원과 외원을 아우르는 건물들

전원은 대봉대와 상·하지(上·下池), 물레방아, 그리고 애양단으로 이루어져 있다. 계원은 오곡문 곁의 담 아래에 뚫린 유입구로부터 오곡암, 폭포 그리고 계류를 중심으로 여기에 광풍각을 곁들이

고 있다. 또한 광풍각의 대하(臺下)에는 석가산(石假山)이 있다. 이 계류구역은 유락공간으로서의 기능을 지니고 있으며, 내원구역은 제월당을 중심으로 하는 공간으로서 당(堂)과 오곡문 사이 두 계단으로 된 매대(梅臺)가 있으며 여기에는 매화, 동백, 산수유 등의 나무와 기타 꽃나무가 심어졌을 것으로 추측된다. 외원이라고 할 수 오곡문 뒤편의 오암(鼇岩)은 자라바위라는 이름이 붙어 있다.

그러면 외원에는 어떠한 시설들이 있을까? 양경지가 노래한 「소쇄원30영」에 따르면 소쇄원의 외원은 후간장(帿竿場), 오암(鰲巖)과 오암정(鰲巖井), 지석리(支石里), 자죽총(紫竹叢), 바리봉(鉢裏峰), 황금정(黃金亭), 창암동(蒼巖洞), 고암동(鼓巖洞), 옹정봉(瓮井峰), 가자등(加資嶝), 장자담(莊子潭), 죽림사(竹林寺), 산리동(酸梨洞), 장목등(長木嶝), 한벽산(寒碧山) 등 내원과 바로 곁에 있는 것에서부터 멀리 무등산의 안산까지로 규정하고 있다.

이러한 공간의 조성은 양산보의 주도로 이루어졌으며, 그 정확한 시기는 1520년대 후반과 1530년대 중반으로 추정되고 있다. 이후 정유재란으로 건물이 불에 타기도 했지만 다시 복원 중수하고 현재까지 15대에 걸쳐 후손들이 잘 가꾸어 나가고 있는 조선 최고의 민간정원이라고 할 수 있다.

그렇다면 과거부터 현재까지 소쇄원에 건립된 건축들은 어떤 것들일까? 그 모습을 여실히 보여주는 것이 1755년에 제작된 〈소쇄원도〉이다. 이보다 훨씬 앞서 쓰인 「소쇄원48영」에도 구체적인 내용이 시로 표현되어 있음은 물론이다. 이 두 자료에서 보이지만

애양단을 겨울 북풍을 막기 위해 세운 단으로 양사보의 효심이 구체화된 것이다.

현재에는 없는 것도 있고 그 반대의 경우도 있다.

1755년에 제작된 〈소쇄원도〉에 나타나는 건축들은 다양하다. 즉 건축물의 이름에서 나타난 어미를 보면 ○○각, ○○당, ○○정, ○○정사, ○○대 등으로 표현되어 있어 그 의미를 짐작하게 한다. 왜 그다지 넓은 공간이 아닌 소쇄원에 이다지도 많은 건물들이 각기 이름을 달리하여 자리하게 되었을까? 이처럼 좁은 공간에 다양한 명칭의 건물들이 나타나는 것은 독특한 예로 그 나름대로 특별한 기능과 의미를 지니고 있다고 생각된다.

일반적인 의미로 각(閣)이라 함은 석축이나 단상에 높게 지은 집으로 다소 격식이 있는 건물을 말한다. 당(堂)은 주거형식의 건물로 방이나 대청이 있는 건물을 말하는데 본체가 아닌 별당을 말하기도 한다. 정(亭)이란 정자의 약어로 포괄적인 의미를 가지며, 정사(精舍)란 강학을 하기 위한 용도의 건물로 개인적인 서재이거나 사숙(私塾)인 경우도 있다. 대(臺)란 높이 쌓아서 사방을 바라볼 수 있는 곳이나 그곳에 위치한 정자형 건물을 뜻한다.

주인을 위한 제월당(霽月堂)

제월당은 정자라기보다는 정사(精舍)의 성격을 띠는 건물로 주인이 거처하며 조용히 독서하는 곳이었다. 정사의 사전적 의미는 학문을 가르치기 위해 마련한 집, 수양하는 곳, 불도(佛道)를 닦는 중이 거처하는 집 등으로 정의된다. 우리나라에서 정사 건축의 개념이 형성된 시기는 14세기경 조선의 건국과 함께 성리학이 적극

霽月堂

적으로 수용되기 시작하면서부터다. 이후 성리학의 전성기인 16~17세기경 주자의 무이정사(武夷精舍)의 개념이 도입되면서 정사의 의미는 은거 생활을 위한 공간, 수학을 위한 공간, 강학의 장소로서 자리 잡게 되었다.[22]

당호인 제월(霽月)은 '비 갠 뒤 하늘의 상쾌한 달'을 의미한다. 그러나 〈소쇄원도〉에 나타난 제월당이나 광풍각이 '48영'이나 『유서석록』에는 나타나지 않아 흥미롭다. 물론 광풍각이 '48영'에는 '침계문방'이라 하였고, 『유서석록』에는 "소폭(小瀑) 서쪽에

22 정사(精舍), 『한국향토문화전자대전』, 한국학중앙연구원, 〈네이버 지식백과〉

는 작은 집 한 채, 소재(小齋)"라 하여 글의 소재로 사용되고 있지만 제월당은 『유서석록』이 제작된 당시인 1574년에는 아직 건립되지 않은 것이 아닌가 하는 추정도 가능하다.

특히 소쇄원의 내원에 있는 요소들은 주자(朱子, 주희, 1130~1200)의 「무이구곡(武夷九曲)」에서[23] 소재로 삼았을 법한 것들이 많다. 즉 「무이구곡」에서 비롯되어 '무이정사(武夷精舍)'를 경영하였던 예와 같이 제월당은 4~5곡의 사이에 정사를 둔 것으로 구곡경영에서 그 예를 볼 수 있겠다.[24] 남송 주자학을 집대성하고 1179년 백록동서원을 세워 서원교육을 일으킨 주자는 53세에 무이산에 들어와 무이정사를 지어 은거하기 시작했다. 그때 무이산 구곡계의 구곡경치를 읊은 「무이구곡가」를 지었다. 구곡계(九曲溪)는 사계절 맑은 물이 넘치고 기암괴석의 사이사이로 아홉 번 굽이쳐서 흐르는데 주변의 경치가 절경을 이룬다.

주자는 이와 같은 구곡문화를 유행시킨 원조로서 조선시대 대학자인 율곡과 퇴계도 이를 따랐던 것으로 알려지고 있다. 중국의 문화와 사상을 흠모하였던 한국의 주자학자들은 주자의 '무이구곡'을 본받아 시를 읊고, 그림을 그리고, 구곡을 조성하곤 하였다. 주자학자들은 단지 주자의 학문만 본받으려 한 것이 아니다. 주자

---

23 중국 복건성 건녕부 숭안현 무이산 안에 있는 아홉 굽이 계곡을 이르는 말. 주자 '주희'의 고향. 주자는 「무이구곡가(武夷九曲歌)」를 지은 바 있고, 이에 영향을 받아 이황(李滉)은 「도산십이곡(陶山十二曲)」을, 이이(李珥)는 「고산구곡가(高山九曲歌)」를 지음.

24 정기호, 「소쇄원의 경관과 건축」, 『월간 건축과 환경』, 1994. 6. 179쪽.

그 자체가 되고자 했다. 이상적인 인간으로 성인이 되고자 한 것이다.[25]

제월당의 건축형태는 정면 3칸, 측면 1칸 규모인 팔작지붕의 한식기와 건물이다. 광풍각의 배면에 여러 개의 단을 올려 남부지방 주거형식인 일자형(一字形)으로 건축하였으며 그 전면에 마당을 두었다. 좌측 1칸은 다락을 둔 온돌방이며, 중앙 칸과 우측 1칸은 장귀틀과 동귀틀을 갖춘 우물마루구조인데, 전면과 좌측면은 개방되어 있는 반면에 뒷면은 판벽과 판문으로 되어 있다. 기단은 막돌로 허튼층쌓기한 높이 1.3m의 다소 높은 기단 위에 덤벙 주초석을 놓고 네모난 방주를 세웠으며, 도리와 장혀, 보아지로 결구된 평5량 가구이다. 천장은 서까래가 노출되어 보이는 연등천장이며 처마는 홑처마이다. 추녀 끝에는 팔각의 활주를 세우고 합각부분에서 우미량 형태의 충량이 보와 연결된다. 이 제월당은 소당(小堂), 고당(高堂), 제헌(齊軒)이라 불리기도 한다.

손님을 위한 광풍각(光風閣)

깊은 계곡 위 제일 좋은 위치에 자리한 조그마한 건물로 당호를 광풍각이라 하였다. 계당(溪堂) 혹은 소재(小齋)라고도 한다.

양산보가 계곡 가까이 세운 정자를 광풍각이라 하고 방과 대청

25 죽벌(주파이라는 대나무 뗏목)으로 내려오는 무이구곡 (『중국문화답사기 1 : 오월지역의 수향을 찾아서』, 2002. 8. 7., 다락원).

마루가 붙은 집을 제월당이라고 한 것은 송나라 때 화가이며 서예가로서 유명한 황정견(1045~1105)이[26] 춘릉(春陵)의 주돈이(1017~1073)의[27] 인물됨을 얘기할 때 "가슴에 품은 뜻을 맑고 맑음이 마치 비 갠 뒤 해가 뜨며 부는 청량한 바람과도 같고 비 개인 하늘의 상쾌한 달빛과도 같다"라고 한 데서 따온 이름이다. 주돈이는 중국의 사상 가운데 거의 1,000년 동안 국가의 이념으로 자리 잡았던 이학(理學)의 토대를 마련했으며, 또한 부분적으로 신도가(新道家)를 기초로 하여 유교를 다시 체계화했다. 그는 고관의 집안에서 태어나 거의 평생을 고위관직에 몸담았는데 만년에는 노산(盧山) 연화봉(蓮花峯) 밑에서 은거했다. 관직에 있으면서도 늘 철학연구에 몰두했는데 유교사상을 재구성하면서 도가의 교의와 『주역(周易)』에 바탕을 두었다. 이러한 주돈이의 사람됨을 흠모하였던 황정견이 '광풍'과 '제월'이라는 제호를 선택하였고 이러한 당호를 소쇄원의 건물에 선택한 것은 어찌 보면 처사로서 양산보의 삶이 주돈이의 삶과 같이 마음이 맑고 깨끗함을 지향했

26 황정견(黃庭堅)의 자는 노직(魯直)이며 호는 산곡도인(山谷道人) 혹은 부옹이다. 소동파(蘇東坡)의 문하에서 배웠고 그의 문인화파에 속했다. 이 두 사람은 화풍이 비슷한 외에도 정치적으로 불우했으므로 함께 거론되는 경우가 많다. 그는 소동파·미불·채양과 함께 송4대가로 불린다. 황정견은 소동파보다 학구적이고 내향적인 사람이었고, 창작기법면에서 더 신비적인 면을 보인다. 당의 승려 회소의 맥을 잇는 자유분방한 초서체로 유명하다. 〈다음 백과사전〉 참조함.

27 주돈이(周敦頤, 1017~1073) 자는 무숙 또는 주염계(周濂溪)는 중국 북송(960~1127)의 석학으로 유교 사상가이다. 성리학의 기초를 닦은 사람이다. 존칭하여 주자(周子)라고도 한다. 흔히 송나라 시대 유학의 형이상학적 사유는 주돈이에 의하여 시작되었다고 말해진다. 「애련설」이라는 명문의 글이 있다. 〈위키백과〉 참조함.

매대 위 담장에 송시열이 쓴 '소쇄처사양공지려'.

處士梁公之廬

음을 의미하는 듯하다.

또한 김인후가 쓴 「소쇄원48영」에서 광풍각을 소재로 한 제2영 '침계문방(枕溪文房)'은 머리말에서 개울물 소리를 들을 수 있는 선비의 방이라는 뜻인데, 시구에 의하면 "창은 밝고 첨대는 맑으니 그림과 글씨가 수석(水石)에 비치네, 뒤엉키는 착잡한 생각, 솔개와 물고기인 양 떠돈다."라고 하여 동창이 밝아진 계곡 주변 문방에서 느끼는 심경을 표현하고 있다.

1574년에 쓰인 고경명의 『유서석록』에서 계류 가에 있는 문방, 즉 광풍각을 "마치 화방(畵舫, 채색치장을 한 유람선)과 같다"고 했던 것은 「무이도가」의 세 번째 노래에서 가학선(架壑船, 절벽에 걸친 배)에 비유한 것을 따라 그렇게 묘사한 것이 아닐까 추정된다.[28] 즉 '가학선'은 상상건대 옛날 큰 홍수로 배가 높은 곳에서 떠내려와 물이 빠지자 땅에 닿았으며, 세월이 흘러 썩어서 허물어졌는데 마침 산곡에 배가 있는 까닭으로 '상전해수(桑田海水)'라는 말을 썼다는 것이다.

그렇다면 광풍각과 제월당은 어떤 용도로 사용된 건축일까? 1574년 고경명의 『유서석록』에는 광풍각이라는 명칭을 쓰이지 않고 '소재(小齋)'라고 표현하고 있고, 1614년에 양천운이 쓴 「소쇄원계당중수상량문」에는 계당(溪堂)을 '침계문방' 혹은 '광풍각'이

28 정기호의 앞의 책.

함실아궁이

라고 같이 쓰고 있어 광풍각이 바로 '침계문방' 임을 알 수 있다. 또한 소재와 계당이라는 단어에 의존하면 광풍각은 계곡 옆에 있는 조그만 집이라 하겠고, 기능상으로 보면 결국 제월당이 주인을 위한 안집이라면 광풍각은 객을 위한 사랑방, 혹은 별당이라 할 수 있다.

이 건물의 상량문에 따르면 광풍각은 1597년 정유재란에 불타버리고 1614년 4월에 중수하였다고 한다. 또한 '계당' 은 광풍각의 별칭으로 또 다른 시기에는 침계헌, 침계방, 수함(水檻), 소함(小檻) 등으로 부른 별칭이 있다. 광풍각은 정면 3칸, 측면 1칸 전후퇴의 팔작지붕 한식기와 건물이다. 중안 1칸은 온돌방으로 뒷면에는 90㎝ 높

이의 함실아궁이가 있다. 방의 문턱에는 머름 대를 구성하였으며, 문은 삼분합의 들어열개 문으로 되어 있다. 막돌허튼층의 낮은 기단 위에 덤벙 주초를 놓고 네모기둥인 방주를 세웠으며 주두와 소로, 장혀, 굴도리로 결구된 평5량가구이다. 천장은 연등천장과 우물천장을 혼합하였는데 서까래가 모이는 부분은 눈썹천장으로 되어 있다. 처마는 홑처마이며, 서까래는 선자서까래이다.

좋은 소식을 기다리는 대봉대(待鳳臺)

〈소쇄원도〉에 의하면 소쇄원에는 정자가 8개 있는데, '48영' 의 제1영에 '작은 정자의 난간에 기대어[소정빙란(小亭憑欄)]' 이란 시제가 있다. 어느 정자를 나타내는 것인가? 여기에서 제1영의 '소정빙란' 은 소쇄정을 말한다. 제2영의 '침계문방' 은 쉽게 광풍각이라 하였다. 광풍각이나 제월당이 정면 3칸으로 일반적인 정자에 비하여 작지 않으니 소정이라는 의미에 적합하지 않다. 소쇄원 조영초기에 소쇄정, 원정(園亭), 소각(小閣), 소정(小亭), 초정(草亭) 등의 기록이 있으니 1영의 소정은 광풍각과 제월당을 지칭하는 얘기가 아니라 대봉대 위에 있는 초정을 의미한 것이 아닌가 하는 생각이 든다.

제1영 '소정빙란' 에는 소쇄정이란 내용이 들어 있다. 제1영에 의하여 "소쇄원의 경치는 통틀어 소쇄원정이로세, 우러러보니 시원하고 귀 기울이니 영롱한 소리 들리네"라 하여 소쇄원 경치의 중심이 소쇄정이라는 것을 나타내고 있다. 즉 김인후의 「소쇄원

48영」이 지어진 1548년 이때는 이미 소쇄원이라 부르던 시기이고 소쇄정이 소쇄원의 중심이 된다는 의미이다.

대봉대는 조그마한 초가지붕의 정자를 의미할까 아니면 그 밑의 축대를 의미할까? 초정에 대봉대라는 건물 이름이 걸려 있어서 오해를 하는데 필자의 생각으로는 여러 가지 상황으로 보아 대봉대란 축대를 의미한다고 생각된다.

사방 1칸의 초가지붕으로 되어 있는 현재의 초정, 혹은 대봉대는 1985년경에 재건된 것이다. 소쇄원 입구에서 가장 먼저 눈에 띄는 이 소정은 시원한 벽오동나무 그늘에 앉아 봉황새(귀한 손님, 혹은 천자)를 기다리는 집이다. 흔히 봉황은 고대부터 상서로운 상상의 새로 수컷을 봉, 암컷을 황이라 하였다. 또한 항상 잘 다스려지는 나라에 나타난다고 믿어 천자의 상징이며 대나무 열매 죽실(竹實)을 먹고 오동(梧桐)에 깃들인다 하였다. 여기에서 봉황이란 귀한 손님이고 귀한 손님이란 밝은 세상을 염원하였던 선비들의 마음과 국민과 나라를 올바르게 이끌어 갈 수 있는 성군이거나 그런 세상을 기다리는 마음을 뜻할 것이다.

이곳 대봉대는 「소쇄원48영」의 주요한 시점의 하나로 여기에서면 소쇄원의 모든 정경이 한눈에 들어온다. 의미상으로 대봉대는 귀한 손님을 맞기 위해 대를 쌓고 정자(小亭)를 지은 것으로 해석할 수 있다. 즉 대봉대는 좋은 소식을 전해준다는 '봉황을 기다리는 동대(桐臺)' 라는 뜻이 함축되어 있다. 그래서 그 곁에는 봉황이 둥지를 틀고 산다는 벽오동나무와 열매를 먹이로 한다는 대나

무를 심었다. 또한 입구 쪽으로는 상지(上池)와 하지(下池)가 있고 바람을 막기 위해 담장과 애양단이 바로 앞에 있는 것으로 미루어 상관성이 있음을 알 수 있다. 「소쇄원48영」 중 많은 구절이 적용되는 장소 가운데 한 곳이며, 제37영 '동대하음(桐臺夏陰)' 에서 동대 주변의 분위기를 노래하였다. 이러한 주변의 상황으로 보아 '동대' 란 대봉대를 가리킨다. 이 대봉대의 넓이는 4m×2.5m이다. 현재 대봉대의 초정 옆에 심어진 오동나무는 〈소쇄원도〉에 근거해서 최근에 심어 가꾸고 있다.

당나라 이덕유는 평천장을[29] 읊은 시에서 "옥 같은 맑은 빛을 가슴에 품고 있어 한가한 정원의 모습은 차고 맑구나"라고 소쇄의 의미를 노래했다. 시에 등장하는 영롱한 소리는 선비의 패옥 부딪는 소리로 밝은 세상을 염원하며 성군을 기다리는 마음과 뜻 맞는 손님을 기다린다는 의미로 새길 수 있다. '48영' 의 서시에 해당하는 제1영의 제4구에서 도학을 주제로 시상이 전개될 것이 암시되어 있다.[30]

소쇄정이라는 명칭은 김인후가 가정무자(嘉靖戊子, 1528)에 읊은 「소쇄정즉사(瀟灑亭卽事)」에 처음 나타나고 송순의 시에서도

29 평천장은 당나라의 "우이당쟁(牛李党爭)"으로 유명한 관리 이덕유의 별장 이름으로 낙양에서 30리 거리에 있었다. 천하의 기화이초(奇花異草)와 진송괴석(珍松怪石)이 갖추어지지 않은 것이 없었다고 한다. 『신당서 권180 이덕유열전(新唐書 卷180 李德裕列傳)』

30 소쇄원을 사랑하는 사람들의 모임, 그림으로 다시 보는 소쇄원48영, 13쪽의 내용을 다시 정리함

나타난다. 외종형으로 양산보보다 10년 연상인 송순은 소쇄정을 '소각'으로 비유하면서, 곁에는 쏟아지는 폭포와 흐르는 개울물, 그 곁에 벽오동나무가 있음을 묘사하고 있다. 이 시가 가정갑오(嘉靖甲午)인 1534년에 읊었다는 점에서 소쇄정이 소쇄원에서 제일 먼저 세운 정자임을 유추할 수 있다. 또한 『유서석록』에 "소재(小齋)의 남쪽에는 돌을 높게 쌓아올려 그 위에 세운 소정이 있는데 장산(張傘)같이 날개를 펴고 있었으며, 그 정자의 아래에는 작은 못이 패여 있다"고 한 것을 보면 '소재'는 광풍각을 나타내며 '소정'은 대봉대 위에 세워진 초정을 말한 것으로 이해된다. 뿐만 아니라 양산보와 같은 해에 태어난 김언거의 시문 「차운봉정주인경형(次韻奉呈主人庚兄)」에서는 대봉대를 '초각(草閣)'이라 하여 같은 건물을 이처럼 여러 이름으로 부르고 있음을 알 수 있다.

이를 증명하는 또 하나의 시는 송강의 「소쇄원제초정(瀟灑園題草亭)」이다. 이 시에 따르면 초정은 송강이 태어날 무렵(1536)에 세운 것으로서, 그 곁에는 벽오동나무가 서 있고 그 아래는 개울물이 흐르고 있다는 것을 보면, 이는 현재의 대봉대 위에 있는 정자를 말함이고 면앙정 송순이나 하서 김인후가 시재에 올린 '소쇄정'이나 제봉 고경명이 언급한 '소정'과도 같은 건물이라 할 것이다. 그렇다면 소쇄정은 양산보 생존 시에는 소쇄원을 대표할 만한 정자였고 그 창건 시기는 1534년, 혹은 이보다 앞선 시기라고 할 것이다.

고암정사(鼓岩精舍)

고암정사는 〈소쇄원도〉에만 그려져 있을 뿐 현존하지 않는 건물이다. 내원에서 담으로 구획된 영역의 바깥쪽에 있는 정면 3칸의 건물로서 그 이름으로 보아 양산보의 둘째 아들인 고암공(鼓巖公) 양자징(1523~1594)이 세운 것이라 생각된다. 그는 48세가 되는 1570년까지 소쇄원에서 줄곧 생활하며, 가까이에 위치한 학구당 창건에 주도적인 역할을 하였다. 차남인 그가 활발한 사회 활동을 하려면 적지 않은 제약이 따랐을 것이다. 독립적인 공간이 필요했을 그를 위해 소쇄원 안에 건립한 것이 고암정사(鼓巖精舍)가 아닌가 한다. 특히 '48영'에 구체적인 언급이 없는 것으로 보아 소쇄원 조영 초기에는 없었고, 양자징이 거창현감을 제수 받은 1570년경에 건립되었을 것으로 추정된다.

〈소쇄원도〉에 의하면 정면 3칸 중 제일 왼쪽 칸은 문이 표현되어 있어 방이라 생각된다. 〈소쇄원도〉에 나타난 건물들의 지붕 모습이 우진각지붕처럼 표현되어 있으나 고암정사의 지붕은 짧게 표현되어 이채롭다. 이는 좌측 칸이 ㄱ자로 꺾인 지붕을 표현하면서 미숙하게 그린 것이 아닌가 하는 추정도 가능하다. 기단에는 좌우측 칸 앞에 계단이 있다. 이들 계단 중에서 동측 계단은 주인이, 그리고 서측 계단은 손님이 오르내리는 계단으로 일반적으로는 서측 계단의 위상이 높았다고 한다. 양자정의 시에 의하면 고암정사를 소당(小堂)이라 부르기도 하였다.

부훤당(負暄堂)

〈소쇄원도〉에만 있을 뿐 현존하지 않는 건물이다. 고암정사와 나란히 한단 낮은 위치에 인접해 있으며 정면 3칸이다. 창이나 문을 표현한 모습이 나타나지 않고 있다. 기단에는 좌우측의 양쪽 칸 앞에 계단을 놓았다. 〈소쇄원도〉에 나타난 바로는 제월당보다는 작고 광풍각 정도의 크기로 그려져 있다. 부훤의 뜻이 효를 상징하므로 애양단처럼 부모에 대한 따듯한 정감을 표현한 것 같다. '48영' 에는 특별한 언급이 없는 것으로 보아 소쇄원 조영 초기에는 없었을 것이며, 송순과 고경명의 글에 '부훤당 주인 자정' 을 만나는 기록이 1574년에 나타나므로 양자정이 1570년경에 건립한 것이라 추정된다.

양산보의 셋째 아들로 부훤당을 건립한 양자정(1527~1597)의 자는 계명(季明)이고 호는 지암(支巖) 또는 부훤당(負暄堂)이다. 그는 자녀 교육에 깊은 관심을 지닌 아버지 양산보로부터 가정에서 학문을 익혔다. 남긴 자료가 많지 않지만 상당한 학식을 지녔고 주변의 인사들과 밀접한 친분을 유지하였을 뿐만 아니라 부훤당이라는 개인 서실을 건립하여 지역사회에서 활발하게 활동한 것으로 이해된다. 또한 지역교육기관인 학구당 창건에 주도적으로 참여하였고 김성원, 고경명, 정철을 비롯한 당대의 명사들과 가깝게 지낸 것을 알 수 있다. 이 가운데 양자정과 고경명이 18편의 시를 주고받은 것을 보면 그들의 친교가 깊었음을 짐작케 한다.[31]

김인후와 임억령은 그의 문장을 높은 수준이라고 평했다. 양자

정은 태어나던 무렵부터 소쇄원을 방문한 김인후에게 수학했을 것으로 보인다. 이는 김인후가 그에게 준 시가 한두 편이 아닌 것으로 보아 쉽게 확인할 수 있다. 김인후는 둘째 형 양자정의 스승이자 장인이었기에 자정도 그에게 수학할 수 있었을 것이다. 다시 만날 날을 시로 기약할 정도로 두 사람 간의 사제 관계는 두터웠다. 양자정이 형을 통해서 시서정문(詩書正文)의 제목을 써달라고 부탁하자, 하서는 답시에서 학문하는 방법을 제시한 후 『대학』·『논어』·『맹자』를 열심히 독서하라고 당부한 적이 있다.[32]

또한 양자정은 소쇄원 아래 성산의 식영정에서 만년을 보낸 석천 임억령으로부터도 학문을 배웠다. 임억령은 식영정이 완성된 1560년 무렵부터 성산에 머물렀으니 그의 문하에서는 30대 중반부터 수학했을 것으로 보인다. 임억령은 그를 군자(君子)로 평했다.[33]

아버지 양산보를 비롯하여 김인후와 임억령 문하에서 배운 그의 학문적 특성은 친구 고경명이 평한 것처럼 효(孝)를 숭상하는 데에 있었다. 또 부훤이라는 당호를 걸면서 임금을 사랑하는 마음을 정성을 다하여 표했고, 선조가 의주로 파천하자 대책을 올렸다는 사실에서 그가 충(忠) 또한 숭상하였음을 알 수 있다. 효와 충을 숭상

---

31 김덕진, 『소쇄원을 통해 본 16~17세기 호남의 역사 소쇄원 사람들』, 호남 역사문화 연구총서, 다할미디어.

32 『소쇄원사실9』, 「지암공」, 「제현수증」, 「양계명구사시서정문제목서차이중」, pp.255~256. 『하서전집5』, 「양계명인중명구사시서정문제목」(한국문집총간 33, 94쪽)

33 『소쇄원사실9』, 「지암공」, 「제현수증」, 「증지암」, 254쪽. 『석천시집4』, 「증지암」(한국문집총간 27, 401쪽)

한 그의 사상적 특징은 양자징의 고손자 방암 양경지가 1696년(숙종 22)에 남긴 「소쇄원 30영」에도 제시되어 있다. 제12영에서 부훤당을 읊으면서, "충효는 원래 가정이 학문, 늘 태양처럼 품고 사랑하네"라고 하여,[34] 종고조 양자정이 가학을 계승하여 높은 충효사상을 지니었다고 노래하였다.

『족보』에 따르면, 그는 현감이라는 관직에 이르렀다. 이 점은 구체적으로 확인할 길이 없다. 그가 과거에 응시하거나 천거를 받았거나 고관명현을 좇아다녔다는 기록이 보이지 않기 때문이다. 그가 관직에 진출한 흔적은 보이지 않지만, 명유로부터 학문을 익혔고 명사들과 교유하였기 때문에 적지 않은 저술을 남겼을 것으로 짐작된다. 하지만 모든 저술이 정유재란의 병화(兵火)에 소실되고 말았으니, 『소쇄원사실』의 「소쇄원사실범례」에서 편찬자가 지적한 것처럼 매우 안타까운 일이다. 그리고 그의 죽음에 대해서도 한 족보에 1597년이라고 했을 뿐 명확한 기록이 없어서 왜란이 한창일 때 소쇄원을 지키다 장렬히 전사한 것이 아닌가 한다.

부훤당은 양자징의 서재인 고암정사의 서쪽에 그의 나이 48세인 1574년(선조 7)에 신축되었다. 이때에 부훤당 신축 낙성연이 여러 지인이 참석한 가운데 제법 성대하게 열렸다. 이날 초청 인사로 참석한 고경명이 축하 시를 남겼고 송순도 축하 시를 보냈는

34 『방암유고』, 「근차중부가산삼십영운」.

데, 그 시는 현판에 판각되어 게시되었다. 이 무렵 송순은 담양 면앙정에 내려와 있었지만, 82세의 노구였기 때문에 직접 참석하였는지에 대해서는 확인할 수 없다.

부훤당은 경치가 아름다운 소쇄원 영역에 고암정사와 나란히 있어, 맑고 깨끗한 생활이 가능하였을 뿐만 아니라, 부모의 유업을 계승하면서 형제가 나란히 우애를 다질 수 있었다. 또한 부훤당과 고암정사는 소쇄원의 내원과 외원을 가르는 담장 밖에 있어 아버지가 구축한 소쇄원 공간을 훼손하지 않은 채 생활이 가능하도록 하였다.

이렇게 볼 때 양자정은 우선 아버지의 소쇄원이 있지만, 자신만의 활동 공간을 확보하고자 1574년에 부훤당을 새로 지었음을 알 수 있다. 부훤당에서 그가 어떤 활동을 했는지에 대해서는 자료가 남아 있지 않아 확인할 수 없다. 다만 김대기가 양천운과 함께 부훤당에서 술을 들며 그동안 적조했던 감회를 읊은 것만 발견된다.[35] 상당한 학문적 식견을 지닌 그가 고향을 떠나지 않으면서 지인들과 활발하게 교유한 것으로 보아 부훤당이 그의 주요한 활동 무대였음을 짐작할 수 있다.

35 소쇄원사실 11, 영주공, 부훤당여한천내제파주감회, 348쪽.

6
소쇄원의 조경식물

소쇄원을 처음 조성할 당시의 조경 식물 목록이 없기 때문에 김인후의 「소쇄원 48영」, 『소쇄원사실』의 시문, 그리고 〈소쇄원도〉를 중심으로 정리해 보고자 한다. 특히 「소쇄원 48영」은 조경 식물을 시제로 많은 영에서 노래했기 때문에 소쇄원에 식재된 조경 요소들의 분포와 의미를 이해하는 데 큰 도움이 된다.

「소쇄원 48영」에서는 대나무, 조릿대, 은행나무, 느티나무, 소나무, 국화, 매화, 복숭아, 사계화, 배롱나무, 벽오동, 버드나무, 단풍나무, 치자, 창포, 연, 파초, 순채 등의 조경 식물이 보인다. 「소쇄원 48영」에서는 나타나지 않으나, 「소쇄원사실」이나 〈소쇄원도〉에는 일본철쭉, 등나무, 동백나무, 측백나무, 난 등을 추가적으로 볼 수 있다.

대나무(竹, Phyllostachys spp.)

대나무는 사군자 중 하나로서, '48영'의 9영 '투죽위교(透竹危橋)' 10영 '천간풍향(千竿風響)', 29영 '협로수황(來路脩篁)', 30영 '병석죽근(迸石竹根)'에서 노래하였다. 〈소쇄원도〉로 미루어 보아 입구와 제월당 북쪽, 고암정사 동쪽 담 부근 등 원림 곳곳에 자생, 또는 식재되었을 것이다.

조릿대(篠竹·山竹, Sasa borealis)

'48영'의 32영 '총균모조(叢筠暮鳥)'에서 언급되는 대봉대 부근의 총균(叢筠)은 〈소쇄원도〉에서 조릿대처럼 묘사되어 있다. 대봉대는 봉황이 깃드는 대(臺)로 봉황이 깃들기를 바라는 마음에서 주변에 벽오동과 조릿대를 심은 것이다.

은행나무(杏, Ginkgo biloba)

'48영'의 15영 '행음곡류(杏陰曲流)'에서 행(杏)은 〈소쇄원도〉에서 볼 때 크기, 가지 뻗음, 잎 모양 등 전체 생김새는 은행나무와 유사하다. 〈소쇄원도〉에서 오곡류 옆과 입구 행정(杏亭) 등 2곳에 3그루가 심어져 있다. 우리나라의 경우는 문묘(文廟) 등에 은행나무를 심는데, 이는 중국에서 행단(杏壇)에 살구나무를 심는 것이 은행나무로 바뀐 것이라 한다.

「소쇄원48영」에는 대나무, 조릿대, 은행나무, 느티나무, 소나무, 국화, 매화, 복숭아, 사계화, 배롱나무, 벽오동, 버드나무, 단풍나무, 치자, 창포, 연, 파초, 순채 등의 조경 식물이 보인다.

느티나무(槐, Zelkova serrata)

괴는 중국에서는 원래 회화나무를 의미하나, 우리나라에서는 느티나무와 혼용되어 사용되고 있다. 김조순의 제택을 그린 그림, 「옥호정도(玉壺亭圖, 1815~1831)」에서 보이는 괴(槐)도 느티나무였다. 소쇄원에서는 '48영'의 24영 '기수괴석(倚睡槐石)'으로 표현되어 있는데 현재 그곳에 느티나무가 자라고 소쇄원 계류 주변에서 느티나무를 쉽게 찾아볼 수 있다.

소나무(松, Pinus densiflora)

소나무는 잎이 푸르고 뿌리가 곧아 절개와 지조의 상징이었으며 우리나라를 대표하는 수종이다. 또한 십장생(十長生)의 하나로 장수를 기원하기도 한다. '48'영의 17영 '송석천성(松石天成)', 26영 '단교쌍송(斷橋雙松)'에서 나타난다. 〈소쇄원도〉에서는 계류 주변에서 주로 보인다.

국화(菊, Chrysanthemum morifolium)

사군자 중 하나인 국화는 일찍 심었어도 늦게 피어나는 것은 군자의 덕과 같으며, 서리를 무릅쓰고 꽃을 피우는 것은 강직함의 상징이었다. 동진의 시인인 도연명은 「음주이십수(吟酒二十首)」에서 "동쪽 울타리 밑에서 국화를 꺾어 들고, 멀리 남산을 바라본다(採菊東籬下 悠然見南山)"라는 구절을 통해 국화를 은일하는 선비에 비유하기도 했다. '48영'의 27영 '산애송국(散崖松菊)'에서

"동쪽 울타리엔 점점이 누런 황국이라(東籬點點黃)"라는 구절이 도연명의 시를 연상시킨다. 국화는 화목구등품(花木九等品)에서는 1등으로 높고 뛰어난 운치를 취하는 나무로 일우(逸友, 은둔하고 있는 선비)라 했다. 증단백의 십우(十友)에서는 기우(佳友, 젊은 미인의 꽃)라 한다.

매화(梅, Prunus Mume)

매화 역시 사군자 중 하나로서 〈소쇄원도〉와 '48영' 의 28영 '석부고매(石趺孤梅)' , 12영 '매대요월(梅臺邀月)' 에서 보듯 매대(梅臺)에 매화를 열식하고, 제월당과 고암정사, 조담(槽潭) 옆의 축대에 흩어 심었다. 매화는 늦겨울에 피는 청초한 꽃과 그윽한 향기로 인해 선비들이 사랑하는 꽃이었으며 고결함의 상징이었다. 증단백의 십우(十友)에서는 청우(淸友, 사귐이 깨끗한 벗)로서 문인의 정원에 즐겨 심었고, 제영 속에서 나타나듯 고매(孤梅)는 돌과 더욱 잘 어울린다.

복숭아나무(桃, Prunus persica)

〈소쇄원도〉로 보아 광풍각 뒤편의 도오(桃塢)에 무리지어 심었을 것으로 생각된다. 복숭아나무는 봄을 상징하기도 하고 도연명의 「도화원기(桃花源記)」에서는 무릉도원의 이상향을 상징하기도 한다. '48영' 의 36영 '도오춘효(桃塢春曉)' 에서는 무릉도원을 노래하고 있다.

사계화(四季花, Rosa chinensis)

사계화는 '48영'의 35영 '사첨사계(斜簷四季)'에서 언급되어 초정 근처에 심어진 것으로 추측할 수 있으나 〈소쇄원도〉에서는 보이지 않는다. 붉은 꽃이 3, 6, 9, 12월 4번에 걸쳐 피는 것을 사계화라 하고, 특히 꽃색이 분홍이며 잎사귀가 둥글고 큰 것을 월계화(月季花)라 했다.

배롱나무(紫薇, Lagerstroemia indica)

배롱나무는 여름 내내 그 꽃을 감상할 수 있다하여 나무백일홍이란 의미로 목백일홍으로 불리기도 한다. 화목구등품(花木九等品)에서 6등 번화함을 취하는 나무로, 속우(俗友, 쉽게 피어나는 꽃)라 했다. 중국 당나라 때에는 중서성(中書省)에 배롱나무를 많이 심어 '자미성(紫微省)'으로 불리기도 했는데, 이처럼 중국에서는 궁전의 정원수로 많이 이용되었다. 배롱나무는 소쇄원뿐만 아니라 식영정, 환벽당, 명옥헌 등 호남의 이름난 정자주변에 많이 심었다. 소쇄원에서는 '48영'의 42영 '친간자미(襯澗紫薇)'라 하여 소당과 수대사이의 개울가에서 자라고 있다.

벽오동나무([碧]梧桐, Firmiana simplex)

벽오동은 커다란 잎이 오동나무와 유사하나, 줄기의 빛깔이 푸르러서 벽오동이라고 불린다. 옛 문헌에서는 벽오동과 오동나무를 특별한 구분 없이 오동(梧桐)으로 통칭하기도 했다. 벽오동은

봉황이 깃 드는 길상의 나무로 여겼다. '48영' 의 37영 '동대하음(桐臺夏陰)' , 38영 '오음사폭(梧陰瀉瀑)' 에서 볼 수 있는 소쇄원의 오동(梧桐)은 〈소쇄원도〉에서 묘사된 오동의 잎이 갈라진 모양새로 보거나 봉황과의 의미 관계에서 볼 때, 벽오동으로 해석하는 것이 타당할 것 같다. 봉황이란 성인(聖人)이 나지 않으면 나타나지 않고, 오동이 아니면 머물지 않으며, 대나무 열매가 아니면 먹지 아니 한다는 이야기를 바탕으로 이해가 가능하고, 민화나 시문 등에서도 종종 봉황과 벽오동의 관계가 이용되기도 했다. 또한 「유서석록(遊瑞石錄)」의 "정자의 처마 아래로 벽오동이 서 있다(小亭當簷有碧梧)"라는 묘사에서도 이를 뒷받침해주고 있다.

버드나무(柳, Salix spp.)

버드나무는 생장이 빠르고 번식이 왕성한 나무로 전통조경공간에서는 버드나무, 왕버들, 능수버들이 많이 이용되나 이를 모두 버드나무로 불렀다. 〈소쇄원도〉의 유정(柳汀), '48영' 의 39영 '유정유객(柳汀迎客)' 으로 보아 위교(危橋) 서쪽의 개울가에 있었던 것으로 보인다. 나무의 모습으로 보아 가지가 늘어지는 능수버들인 듯하다.

단풍나무(楓, Acer plamatum Thumb.)

'48영' 의 44영 '영학단풍(暎壑丹楓)' 에서 나타나는 단풍나무는 〈소쇄원도〉에서 도오(桃塢) 북쪽 개울가에서 찾을 수 있다. 단풍나

무는 단풍을 감상하는 용도뿐만 아니라 재질이 매우 단단하고 치밀하여 목재로도 널리 쓰였다.

치자나무
(梔子, Gardenia jasminoides for. grandi flora)

치자나무는 향기롭고 청초한 꽃과 요긴한 쓰임을 지닌 열매로 오래전부터 사랑받아온 나무이다. 상록관목으로 겨울철에도 잎이 변하지 않으나, 중부이북에서는 월동이 어렵다. 〈소쇄원도〉에는 없으나 '48영'에 46영 '대설홍치(帶雪紅梔)'라 하여 눈 덮인 겨울날 붉은 치자의 모습을 노래하고 있다.

창포(菖蒲, Acorus calamus var. angustatus)

창포는 천남성과의 다년초로 물가에서 자라며 향기 나는 뿌리줄기가 특징이다. 〈소쇄원도〉와 '48영'의 34영 '격단창포(激湍菖蒲)'로 보아서 계류가의 폭포 아래 바위틈에 심었을 것으로 보인다.

연꽃(芙蓉·蓮 Nelumbo nicifera)

연은 불교를 상징하는 식물이며 주돈이의 「애련설」에 의해 군자를 상징하는 꽃으로 유교적 의미를 지니기도 한다. 연꽃은 창덕궁 후원의 부용지와 애련지 등 우리나라 연못에 많이 심었다. '48영'의 40영 '격간부거(隔澗芙蕖)'는 개울 맞은편에 핀 흰 연꽃을 말한다. 시의 내용이나 〈소쇄원도〉로 볼 때 소쇄원의 네모진 연못에

심었을 것으로 보인다. 「유석석록」에서는 “대숲 서쪽에는 연못이 있다(竹西有蓮池)”고 적고 있다.

파초(芭蕉, Musa basjoo)

파초는 크고 넓은 잎을 감상하는 난대식물로 한여름에 시원함을 더해준다 하여 ‘한여름의 친구’이자 ‘풀중의 으뜸(草王)’이라 했다. ‘48영’의 43영 ‘적우파초(滴雨芭蕉)’는 파초잎에 떨어지는 빗소리를 즐기는 선비의 모습을 잘 보여준다. 〈소쇄원도〉에서는 소쇄원 담장 입구 부근, 제월당 남쪽에서 볼 수 있다.

순채(蓴, Brasenia schreberi)

‘48영’의 41영 ‘산지순아(散池蓴芽)’라 하여 소당에 심었던 순채는 진나라의 장한(張翰)이 자기 고향의 명물인 순챗국과 농어회를 먹으려고 관직을 사퇴하고 고향으로 돌아갔다는 고사[蓴羹膾]에서 유래하여 고향을 그리워하는 마음을 상징한다. 순채는 수련과에 속하는 다년생 수초로서 암홍색의 꽃을 가지고 있다.

일본철쭉(倭躑躅, Rhododendron spp.)

일본철쭉은 영산홍 또는 왜철쭉, 왜홍이라고도 한다. 『양화소록』에 세종 23년(1441년) 일본에서 보내온 기록이 있으며 그 후로 경관용으로 궁궐, 민가 등에서 많이 심었다. 「소쇄원 48영」에는 보이지는 않으나, 양산보가 일본철쭉을 보내자 김인후가 답례로

보낸 시(「차사양형언진송일본척촉운(次謝梁兄彦鎭送日本躑躅韻)」)에서 살펴볼 수 있다. 현재는 매대와 그 주변에 심어져 있으며 4월에서 5월 사이에 꽃을 피우고 있다.

등나무(藤, Wisteria floribunda)

등나무는 시렁에 올리기 좋은 덩굴식물로 〈소쇄원도〉와 '48영'에서는 볼 수 없지만 양천운의 「소쇄원계당중수상량문」(1614년)에서 그 기록을 살펴볼 수 있다. 또 송강 정철이 고암 양자징에게 보낸 시(「차운봉상고암장(次韻奉上鼓巖丈)」)에서 "울타리는 등넝쿨(藤)로 에웠구료(籬以紫藤園)"라는 구절이 있어 소쇄원 조영 당시에 등나무가 있었을 것으로 보인다.

동백나무(冬柏·山茶, Camellia japonica)

'48영' 에서는 동백이 나타나지 않으나 〈소쇄원도〉에 애양단 담장 구석에 동백 한 그루가 등장한다. 동백나무는 우리나라 남부지방에 자생하며 겨울철에 꽃을 피우고 꽃빛이 선명한 것이 특징이다. 화목구등품(花木九等品) 중 3등으로 선우(仙友, 신선 같은 벗)라 칭했다.

측백나무(側柏, Thuja orientalis)

〈소쇄원도〉에서 매대(梅臺)에 무명거수로 키가 큰 침엽수가 있는데 이 나무는 현재에는 고사해버린 측백나무로 보인다. 중국 주

나라 때 왕의 능에는 소나무, 왕족의 묘지에는 측백을 둘레에 심어 소나무 다음으로 대접했다. 측백은 소나무와 함께 군자의 기상을 상징하는 나무이다.

난(蘭, Cymbidum spp.)

'48영' 에서는 시제로 사용되지 않았으나 〈소쇄원도〉에서는 매대(梅臺), 도오(桃塢), 고암정사(鼓巖精舍)의 전정에 심었던 모습이 보인다. 난초는 사군자 중 하나이면서 청초한 아름다움과 그윽한 향기를 지니고 있어 시인묵객이 애정을 보냈던 다년초다. 난에는 수많은 종류가 있으나, 소쇄원에는 대표적인 동양란의 하나이며 춘란(春蘭)이라고도 불리는 보춘화(報春花)가 자랐을 것으로 추측된다.

연못에는 연꽃과 순채를 가꾸었다. 청정함의 상징인 연꽃, 그리고 지금은 멸종위기종이 되어 버린 순채. 고향의 순채와 농어 생각이 간절하다며 사직서를 내고 귀거래를 한 진(晉)나라 사람 장한(張翰)이 떠오른다.

참고문헌

권수용, 「소쇄원의 역사와 인문활동연구」, 전남대학교 대학원 박사학위논문, 2008.

김덕진, 『소쇄원을 통해 본 16~17세기 호남의 역사 소쇄원 사람들』, 호남 역사문화 연구총서, 다할미디어.

김대현, 「방암 양경지의 '소쇄원30영' 연구」, 『한국언어문학』, 2000.

김봉렬, 「소리와 그늘과 시의 정원-소쇄원」, 『이상건축』, 1996년 7월호.

나종우, 「김인후의 河西集」, 『금호문화』, 향토고전48, 금호문화재단.

문화재관리국, 『소쇄원(瀟灑園)보존정비계획 및 설계』, 1983.

소쇄원을 사랑하는 사람들의 모임, 『그림으로 다시 보는 소쇄원48영』, 책머리 양재영의 글 참조.

양재영, 『소쇄원시선』, 소쇄원시선편찬위원회, 1995.

유병림, 황기원, 박종화, 『조선조 정원의 원형』, 서울대학교 환경계획연구소.

이을호, 「한국의 정원1- 소쇄원」, 『사람 사는 이야기』, 1991. 10, 창간호.

이해준, 「조선중기의 호남사림과 임억령」, 『석천 임억령의 문학과 사상』.

정기호, 「소쇄원의 경관과 건축」, 『월간 건축과 환경』, 1994, 6.

정동오, 「양산보의 소쇄원에 대하여」, 『한국조경학회지』 2권, 1973.

정익섭, 「호남가단을 배경으로 한 하서 김인후 연구」, 『하서 김인후의 사상과 문학』, 하서기념회.

정재훈, 『소쇄원, 빛깔있는 책들』, 대원사, 2000.

천득염, 『은일과 사유의 공간 소쇄원』, 심미안, 2017.

소쇄원은 물의 나라다. 입구에 들어서면 계곡이 있고, 거기 초연하게 오리들이 물 속을 노닐고 있다. 자연과 더불어 살며 잡스러운 일에 물들지 않겠다는 소쇄옹의 깊은 뜻이 오리의 몸짓에서 묻어나는 듯하다.

안팎이 열려 소통하는 그곳, 소쇄원

소쇄원은 물의 나라다. 입구에 들어서면 계곡이 있고, 거기 초연하게 오리들이 물속을 노닐고 있다. 자연과 더불어 살며 잡스러운 일에 물들지 않겠다는 소쇄옹의 깊은 뜻이 오리의 몸짓에서 묻어나는 듯하다. 비탈을 오르면 좌우로 대나무들이 사각거린다. 한반도의 대밭, 담양의 대나무는 물의 유연함과 강직함이 키워낸 것이다.

어둑시근한 대숲을 지나면 계곡 건너편에 건물 두 채가 보이고, 발 아래로 연못이 나타난다. 연못에는 연꽃과 순채를 가꾸었다. 청정함의 상징인 연꽃, 그리고 지금은 멸종위기종이 되어 버린 순채. 고향의 순채와 농어 생각이 간절하다며 사직서를 내고 귀거래를 한 진(晉)나라 사람 장한(張翰)이 떠오른다. 순갱노회(蓴羹鱸膾)라는 말이 여기서 나왔다. 유유자적 노니는 물고기 떼에 은일처사의 삶이 어린다.

봉황을 기다리는 집, 대봉대를 만난다. 태평연월에야 날아온다는

봉황, 그 봉황이 깃든다는 벽오동을 대봉대 앞에 심고, 봉황이 먹는 죽실을 위해 대나무를 심고, 동쪽에 맑은 단물이 솟는 예천을 만들었다. 왕도정치를 펼치고자 사림을 중용했던 조광조, 그를 이용하다 사약으로 꿈을 거둬버린 중종, 이 모진 광경을 지켜봐야 했던 양산보는 이 깊은 남도의 산자락에서 성군이 오길 하냥 기다렸을까.

맞은편에는 담장이 길게 늘어서 있다. 담벼락에 희미한 글씨가 보인다. 선비들이 소감을 남긴 말씀의 옹벽, 애양단이다. 해가 빈부귀천을 가리지 않고 고루 비추듯 부모님을 향한 효심도 그렇게 하겠다는 양산보의 다짐이 서려 있다. 애양단이 휘어지는 벽에 오곡문이라는 글씨도 있다. 물 흐르듯 써진 글에서 물줄기의 유연함을 떠올려 본다.

이제 계곡을 넘어서 본채로 갈 차례다. 외나무다리가 가로질러 있다. 저 건너에 선비들이 학문을 연찬하는 내원이 있다. 이제껏 편한 곳을 걸었으니 정숙하고 단정히 하라는 뜻이겠다. 물굽이 다섯 개를 셀 필요는 없다. 무이구곡, 오곡의 단계는 무이정사를 짓고 학업에 정진했다는 뜻이리라. 담장 아래 큰 돌을 괴어 다리처럼 담을 쌓아 물이 흐르도록 했다. 돌을 괴인 마을이어서 괸돌마을이라 부르고, 한자로는 지석리라고 쓴다.

이렇듯 소쇄원의 경계는 중심을 흐르는 물줄기로 양분된다. 지나온 길이 동적인 공간이라면 건물이 있는 이곳은 정적인 공간이다. 하지만 수공간이 있는 계곡에서는 다소 이완된다. 여러 군데 암반이 있다. 달을 감상했다는 광석 아래 움푹 파인 곳이 조담이

다. 몸과 마음의 티끌을 씻어내던 곳. 조담에 괴인 물이 흐르다 감도는 곳에 잔을 띄우고 시심에 잠기던 복류전배(洑流傳盃)가 있다. 그곳 봉긋 솟은 암반에서는 거문고를 연주했다. 백아라는 거문고 명현이 자신의 소리를 유일하게 알아준 종자기라는 벗이 죽자 거문고를 끊어 버리고 더 이상 연주하지 않았다는 백아절현(伯牙絕絃)과 지음(知音)이라는 고사가 여기에서도 빛나고 있다.

그 뒤로 절벽 사이를 나무 홈통을 파서 물줄기를 대어주는 고목이 있다. 초입에서 보았던 두 개의 연못으로 물줄기를 보낸다. 고목 아래의 구멍으로 떨어지는 물의 파편이 바위사면에 스며든다. 푸른 이끼를 사철 감상하기 위한 지혜다. 마음의 티끌을 벗는 관수의 물, 다른 생명을 키워내는 물, 차고 넘쳐도 다시 한줄기로 모여들고, 오염되어도 맑은 물로 정화해 내는 그 성정이 엿보인다. 양산보는 세상에 나가지 않았지만 세상을 한껏 받아들여 선비들의 이상향과 같은 공간을 여기 창조해 냈다.

물 위로 올라 돌로 쌓은 축대를 보면 '소쇄처사양공지려' 라는 글씨가 보인다. '양산보의 집'이라는 뜻이다. 그 옆 학문을 상징하는 측백나무를 보면 이곳이 곧 공부하는 선비의 집임을 알 수 있다. 매화를 심어 놓은 매대에서 혹한을 뚫고 피어난 매화와 동쪽에서 떠오른 달을 감상했다.

이제 주인의 서재 겸 손님을 영접했던 제월당에 이른다. 비 그친 후 뜨는 맑은 달처럼 살고자 한 소쇄옹을 생각하며 마루에 올라앉는다. 주인의 시선에서 바라보지 말고 빌려 보아야 한다. 차경의

자세다. 건물 내에는 소쇄원을 오간 수많은 인물들의 시문이 걸려 있다. 소쇄원을 이해하는 열쇠들이다.

댓돌을 타고 내려와 아래 건물로 향한다. 낮고 좁은 문이 있다. 한사코 겸양해지라는 뜻이다. 돌계단을 타고 내려가면 광풍각이 기다린다. 맑은 날에 불어오는 시원한 바람처럼 살아야겠다. 소쇄원을 찾은 선비들은 대개 이 공간에 머물면서 시대와 삶을 이야기했다. 삼면의 문을 들어 올리면 고스란히 주변의 풍광이 들어오고, 발아래로 시원한 물줄기가 도란거리며, 대숲 일렁이는 소리와 바람 소리가 귓전을 파고든다. 모든 것을 향해 열린 공간, 그래서 광풍각에서는 소나무 기둥에 기대어 눈을 감으면 된다. 소리들이 풍진을 씻어준다.

양산보는 "풀 한 포기, 나무 한 그루, 돌멩이 하나에도 내 손길 발길이 닿지 않은 곳이 없으니 누구에게 팔거나 양도하지 말고 어리석은 후손에게는 물려주지 말라."는 유훈을 남겼다. 15대 종손이 문중과 함께 이곳을 지켜가고 있다.

여행팁

소쇄원 매표소에서 주는 팸플릿을 꼭 챙기자. 거기 「소쇄원48영」 그림이 들어 있다. 그림을 보며 어느 위치에 나무와 풀이 있는지, 경관은 어떻게 달라졌는지 살펴보는 재미가 있다. 제월당의 현판과 편액 앞에서 당황하지 말자. 어렵지만 차분히 보아 눈에 들어오는 한자를 원림의 사물들과 연계해 보면 느낌이 달라진다. 서둘러 사진만 찍을 것이 아니라 마루에 앉아 주위를 둘러보자. 자연의 주인이 곧 나라는 것을 실감하게 된다. 날이 궂은 날, 사람들이 많이 오지 않는 날, 그런 날이 적격이다.

소쇄원瀟灑園

현판

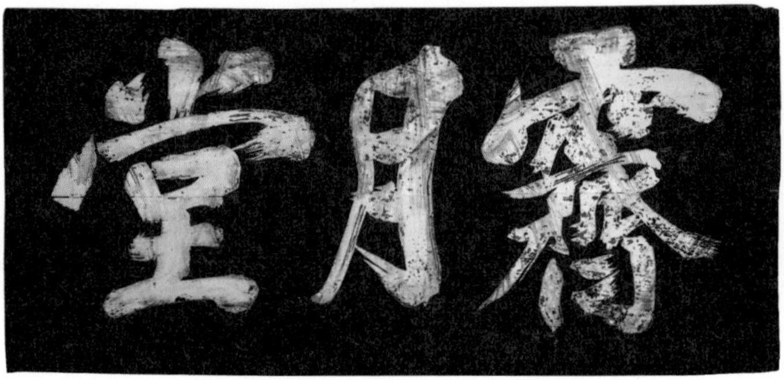

제월당 갤 제霽, 달 월月, 집 당堂

'갠 하늘의 밝은 달을 바라보는 집' 이라는 뜻

광풍각 빛 광光, 바람 풍風, 집 각閣

'부드러운 바람을 맞이하는 집'

'광풍(光風)'과 '제월(霽月)'은 송나라의 황정견(黃庭堅)이「염계시서(濂溪詩序)」에서 유학자 염계 주돈이(周敦頤)의 사람됨을 평하여, "마음이 깨끗하여 속된 기운이 없는 것이 마치 비가 갠 뒤의 온화한 바람과 밝은 달과 같다.[흉중쇄락여광풍제월(胸中灑落如光風霽月)]"라고 한 데서 가져온 말이다.

대봉대 기다릴 대待, 봉황새 봉鳳, 돈대 대臺

'봉황을 기다리는 정자' 라는 뜻으로 봉황과 같은 귀한 손님, 혹은 태평성대를 기다린다는 뜻이다.

제월당을 포함한 광풍각과 대봉대의 현판 글씨는 우암(尤庵) 송시열(宋時烈)의 글씨로 전한다.

양언진[1]형의 임정을 방문하다 사십팔영 하서김후지

訪梁兄彦鎭林亭　四十八詠河西金厚之[2]

작은 정자 난간에 기대어 소정빙란　　小亭憑欄

맑고 깨끗한 원림의 경치라서	瀟灑園中景
자연스레 깨끗한 정자 이루었네	渾成瀟灑亭
눈을 들면 시원스레 상쾌하고	擡眸輸颯爽
귀 기울이면 영롱한 소리라네	側耳聽瓏玲

시냇가 글방 침계문방　　枕溪文房

창 밝으니 방 안의 첨축이 깨끗하고[3]	窻明籤軸淨

물속에는 그림 글씨처럼 어른거리네 水石映圖書
고요히 생각하고 언앙을 따른다면 精思隨偃仰
잘 맞아서 자연의 이치에 들겠지[4] 妙契入鳶魚

높은 바위 펼쳐 흐르는 물 위암전류 危巖展流

계곡물은 바위를 씻으며 흐르고 溪流漱石來
바위 하나 온 골짝을 꿰뚫었다네 一石通全壑
한 필 비단이 중간에 펼쳐졌는데 匹練展中間
높다란 바위는 하늘이 깎았는지 傾崖天所削

산을 짊어진 자라바위 부산오암 負山鼇巖

등에는 무거운 청산을 지고서 背負青山重
푸른 시내로 머리를 돌리고 있네 頭回碧玉流
긴 세월 편안하게 돌아다니지 않으니 長年安不抃
대각에 사는 게 영주보다 나은지 臺閣勝瀛洲

돌길 위태로이 오르며 석경반위 　石逕攀危

한 가닥 길 삼익에 이어져 있는데	一逕連三益
한가롭게 오르니 위태로워 보이지 않네	攀閑不見危
속세의 발자취가 본래 끊어진 곳이라	塵蹤元自絕
이끼는 밟을수록 더욱더 파랗네	苔色踐還滋

작은 연못 물고기 놀고 소당어영 　小塘魚泳

네모진 연못 한 이랑도 못 되지만	方塘未一畝
잠시 맑은 물 가두기는 넉넉하여라	聊足貯清漪
고기 떼는 주인 그림자 놀리어대도	魚戲主人影
무심하게 낚싯대를 드리운다네	無心垂釣絲

나무 홈통 흐르는 물 고목통류 　刳木通流

물줄기 구불구불 통하며 흘러	委曲通泉脈
대숲 아래 높고 낮은 연못이 되었네	高低竹下池
폭포는 물레방아에서 떨어져서	飛流分水碓
비늘처럼 사방에 흩날리네[5]	鱗甲細參差

구름을 찧는 물레방아[6] 용운수대　　春雲水碓

긴긴 날을 흐르는 물의 힘으로　　永日潺湲力
부딪다보니 공적이 저절로 나타나　　春來自見功
마치 직녀가 베틀 위에 비단을 짜듯　　天孫機上錦
절구질 사이에 모이고 흩어지네　　舒卷擣聲中

숲에 걸친 높은 다리 투죽위교　　透竹危橋

골짜기에 걸쳐서 긴 대밭을 지나니　　架壑穿脩竹
높기도 하여 하늘에 둥둥 떠 있는 듯　　臨危似欲浮
숲 속의 연못 원래부터 아름다운데　　林塘元自勝
저 다리까지 놓여 더 맑고 그윽하네　　得此更淸幽

대숲 부는 바람 소리 천간풍향　　千竿風響

이미 하늘 가 저 멀리 사라졌다가　　已向空邊滅
다시 뒤이어 고요한 곳에서 부른다네　　還從靜處呼
무정하게도 바람은 대나무를 만나　　無情風與竹
밤낮으로 피리를 불어댄다네　　日夕奏笙竽

못가 누대 더위를 식히며 지대납량 　池臺納涼

남쪽 고을은 무더위가 심하지만 　南州炎熱苦
유독 여기는 선선한 가을이구나 　獨此占涼秋
바람은 누대 가의 대숲에 일고 　風動臺邊竹
연못은 바위 위 흐르는 물 나누네 　池分石上流

매대 달맞이 매대요월 　梅臺邀月

숲 끝 매대에서 보는 모습 트여서 　林斷臺仍豁
달 떠오를 때면 더더욱 좋아라 　偏宜月上時
가장 예쁜 것은 구름 다 걷히고 　最憐雲散盡
추운 밤 맑은 자태 드러낼 때라네 　寒夜映氷姿

넓은 바위에 누워 달을 보며 광석와월 　廣石臥月

푸른 하늘 달빛에 한데서 눕자니 　露臥靑天月
마침 널찍한 바위가 자리가 되었네 　端將石作筵
무성한 숲에 맑은 그림자 흩어지니 　長林散淸影
깊은 밤인데 잠들지 못한다네 　深夜未能眠

담장 아래 흐르는 물 원규투류 垣竅透流

한 걸음 한 걸음 물을 보며 나아가며 步步看波去
시를 읊으니 마음 더욱 그윽해라 行吟思轉幽
참된 근원은 올라보지 않은 채 眞源人未泝
그저 담에 흐르는 물만 바라보네 空見透墻流

은행나무 그늘 아래 굽이도는 물 행음곡류 杏陰曲流

지척이 졸졸 물 흐르는 곳이지만 咫尺潺湲地
분명 다섯 번을 굽이쳐 흐르고 있네 分明五曲流
그때 공자께서 냇가에서 하신 말씀[7] 當年川上意
오늘 이 은행나무 가에서 듣는구나 今日杏邊求

가산[8]의 풀과 나무 가산초수 假山草樹

산 만든다고 사람의 힘 빌리지 않고 爲山不費人
조물주가 돌로 가산을 만들었다네 造物還爲假
형세에 따라 숲을 이루니 隨勢起叢林
어엿하게 산과 들이로구나 依然是山野

하늘이 만든 소나무와 바위 송석천성　松石天成

한 조각 돌 높은 산에서 내려와　片石來崇岡
두어 자 소나무 뿌리 내렸네　結根松數尺
오래되어 몸 가득 꽃을 피웠으니　萬年花滿身
푸른 하늘 함께하는 기운이 줄었네　勢縮參天碧

돌을 뒤덮은 푸른 이끼 편석창선　遍石蒼蘚

늙은 돌에 안개구름이 늘 스며서　石老雲煙濕
파란 이끼가 꽃이 되었구나　蒼蒼蘚作花
은자의 품성과 매 한가지라서　一般丘壑性
번화함에 뜻을 두지 않았다네　絕意向繁華

평상 바위에 조용히 앉아 탑암정좌　榻巖靜坐

산비탈에 고요하게 앉아 있으니　懸崖虛坐久
깨끗하게 쓸어 가는 시내 바람　淨掃有溪風
무릎 닿는 곳 뚫어질까 겁내지 않는 건　不怕穿當膝
경치 구경하는 노인에게 가장 알맞아서지　偏宜觀物翁

맑은 물가에서 거문고 비껴 안고 옥추횡금 玉湫橫琴

거문고 함부로 타지 않는 건[9] 瑤琴不易彈
세상에 종자기가 없어서라네 擧世無鍾子
한 곡조 맑은 못에 울려 퍼지니 一曲響泓澄
마음과 귀가 서로 알아줄 뿐이지 相知心與耳

흐르는 물에 술잔 전하며 보류전배 洑流傳杯

줄지어 물가 돌에 둘러앉으니 列坐石渦邊
쟁반 가득 채소라도 충분하구나 盤蔬隨意足
돌아드는 물결이 저절로 오가면서 波自去來洄
띄운 술잔 한가로이 서로 권하네 盞斝閒相屬

평상 바위에서 장기를 두며 상암대기 床巖對棋

돌 기슭 좀 넓고 평평한 곳 石岸稍寬平
대숲에서 한 나절을 보냈다네 竹林居一半
손님 오자 장기 한판 벌어지는데 賓來一局棋
우박 소리 공중에서 쏟아진다네 亂雹空中散

긴 계단을 걸으며 수계산보 脩階散步

세상 생각에서 벗어난 맑은 마음으로 澹蕩出塵想
자유롭게 계단 위를 거닐어 보네 逍遙階上行
시 읊을 때는 여유로운 마음이더니 吟成閒箇意
읊고 나면 그런 감정도 잊어버린다네 吟了亦忘情

---

1 양언진(梁彦鎭) : 양산보(梁山甫, 1503~1557)를 말한다. 자는 언진이다.

2 김후지(金厚之) : 김인후(金麟厚, 1510~1560)를 말한다. 자는 후지이다. 1548년 49세 때의 작.

3 첨축(籤軸) : 서첨(書籤)과 서축(書軸). 서첨은 책 겉장에 붙이는 표제 또는 그 종이, 서축은 글씨를 쓴 족자를 말한다.

4 자연의 이치[鳶魚] : 연어(鳶魚)는 연비어약(鳶飛魚躍)의 줄임말이다. 이는 '솔개는 날아서 하늘에 이르고, 물고기는 못에서 뛴다.' 라는 말이다. 『시경』에 나오는 말로 천지의 자연스러운 이치를 말한다.

5 비늘 … 흩날리네 : 여기서는 홈통을 타고 온 물이 물보라 치듯 흩어져 내리는 모습을 그린 말이다.

6 물레방아 : 대(碓)는 물레방아이다. 운대(雲碓)는 본디 운모(雲母, 돌비늘)를 찧던 물방아를 말한다.

7 당시 … 말씀을 : 『논어』〈자한(子罕)〉에서 "공자가 시내 위에서 말씀하셨다. 가는 것이 이와 같구나. 밤낮을 그치지 않는구나."라고 하였다. 도를 닦는 일도 또한 이러해야 할 것임을 은유한 말로, 여기에서는 화자가 그 의미를 되새기고 있는 장면으로 보았다.

8 가산(假山) : 인위적으로 산의 모습을 만들어 정원의 일부를 구성하게 한 조원(造園) 방법이다.

9 거문고[瑤琴] : 요금(瑤琴)은 옥으로 장식한 좋은 거문고이다. 춘추 시대에 거문고를 잘 탔던 백아(伯牙)가 그의 벗 종자기(鍾子期)가 죽자 거문고 소리를 들을 사람이 없다 하여 거문고 줄을 모두 끊고 다시는 거문고를 타지 않았다는 유명한 고사가 있다.

단구[10] 찾기 어렵다고 어찌 한스러워 하리　　丹丘何恨訪尋難
참된 경계 분명 이 산에 있을 거야　　眞界分明此一巒
건곤을 크게 자리해 넉넉하게 받아들이고　　曠占乾坤寬納納
산수를 넓게 거두어 아스라이 끌어당겼네　　恢收山水引漫漫
풍상이 몇 해던가 솔과 대는 오래되고　　風霜幾歲松筠老
시 짓고 술 마시던 당시의 필연도 말라가네　　詩酒當年筆硯乾
편안하게 난간에 기대어 멀리 바라보아도　　散倚曲欄流顧眄
세상 소식은 끊겨서 막혀 있구나　　世緣消息絶來干

소쇄옹 읊다[11] 瀟灑翁題詠

맑은 경치 얻기란 예로부터 어려운데	淸境由來卜得難
우리 형 사는 곳은 세상에 드물다네	吾兄所宅罕人間
추위 속에 향기 뿜는 매화나무 세 그루	凌霜粉馥梅三樹
눈을 맞아 푸르른 대나무 여러 그루	度雪蒨蔥竹數竿
저 오리 떼 다정스레 두둥실 떠 있고	羣鴨有情還泛泛
긴 시내는 저절로 졸졸 흘러만 가네	長溪無任自潺潺
누정 위를 소요하며 흥을 내고 싶지만	逍遙亭上堪乘興
문득 속된 선비라고 볼까봐 꺼림직하네	嫌却當時俗士看

김 후지 하서 화답하다[12] 金厚之河西和題

10 단구(丹丘) : 밤이나 낮이나 항상 밝은 땅으로, 선인(仙人)이 산다는 전설적인 지명이다.

11 이 시는 『면앙집(俛仰集)』권7, 「면앙잡록(俛仰雜錄)」에 「차면앙정운(次俛仰亭韻)」으로 실려 있다. 또 소새원사실에는 「內兄俛仰亭與金兄厚之共賦 / 내종형님 면앙정과 김형 후지와 함께 읊다」라고 되어 있는 두 수 가운데 두 번째 시이다. 평성(平聲) 한운(寒韻)을 사용하고 있다.

12 이 시는 하서선생전집(河西先生全集) 권10에 방언진형임정(訪彦鎭兄林亭) 이라는 제목으로 실려 있다.

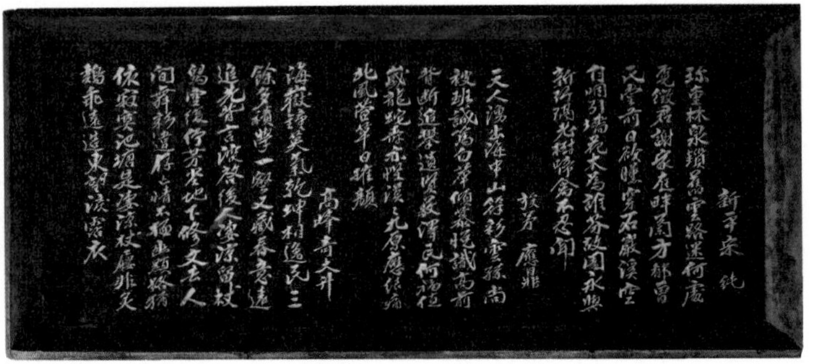

신평 송순[13]

新平 宋純

보배로운 임천이 오래도록 구름에 잠기니	珍重林泉鎖舊雲
길은 희미해져 어디서 그대를 찾을거나[14]	路迷何處覓徵君
저 사가의 뜨락엔 난초 한창 무성한데[15]	謝家庭畔蘭方郁
증씨의 집 앞은 날이 어둑어둑하려 해[16]	曾氏堂前日欲曛
돌에 부딪는 물소리는 괜스레 목이 메고	穿石巖溪空自咽
긴 담장 가 꽃나무 누굴 위해 향기로울까	引墻花木爲誰芬
옛 동산은 오래도록 무덤과 떨어져 있으니	故園永與新阡隔
고목에서 우는 새소리도 차마 못 듣겠네	老樹啼禽不忍聞

집안 아우 응정[17]

族弟 應鼎

하늘에서 내린 사람 바다 속 산[18]에서 솟아나　天人湧出海中山
훌륭한 후손들은 게다가 효성스럽기까지[19]　符彩雲孫尙被斑
참으로 돈독한 효심[20] 사모의 정 기울였고　誠篤白華傾慕悅
학식은 선배들보다 높아 따라 잡을 수 없었네　識高前輩斷追攀
현자의 덕화[21] 백성에겐 얼마나 복이 되었는데　遺賢藪澤民何福
용과 뱀의 해 만나 수명 또한 짧게 되었네　值歲龍蛇壽亦慳
막막한 구천에서도 아마 고통스러워하는 건　漠漠九原應結痛
북풍에 원추리 풀이 날마다 시들어감이겠지[23]　北風萱草日摧顔

고봉 기대승[24]

高峰 奇大升

바다와 산은 뛰어난 기운을 모아주고　海嶽鍾英氣
하늘과 땅이 은자[25]를 도왔네　乾坤相逸民
삼여[26]에 많은 학식을 쌓아놓고　三餘多積學
한 계곡에 또 봄을 간직하였다네[27]　一壑又藏春
뜻이 원대하여 선배를 뒤따르고　意遠追先輩

말이 깊어서 후인을 계도했다네	言深啓後人
처량히도 옥석만 남겨 놨으니[28]	凄凉留玉舃
그저 아름다운 자취 우러를 수밖에	空復仰芳塵

지하의 수문랑[29]으로 떠나 버리니	地下修文去
살아서 색동옷 춤[30]추는 걸 어겼구려	人間舞彩違
생사 간에 정도 다 못 나누었는데	存亡情不極
이승과 저승길이 슬프기만 하네	幽顯路猶依
적막한 연못은 그대로 변함없는데	寂寞池塘是
처량한 장구[31]는 그 모습이 아니네	凄凉杖屨非
닭 구워[32] 멀리 조문도 못하고	炙鷄乖遠造
동쪽 바라보며 옷깃에 눈물만 적시네	東望淚霑衣

---

13 이 시는 『면앙집(俛仰集)』 권3에 실려 있는 만시(挽詩)이다. 「외제소쇄처사만(外弟瀟灑處士挽)」

14 그대를[徵君] : 징군(徵君)은 학문(學問)과 덕행(德行)이 있어 나라의 부름을 받았으나, 벼슬하지 않은 선비의 존칭이다. 징사(徵士)라고도 한다. 여기서는 양산보 선생을 말한다.

15 저 … 무성한데 : 양산보의 번성한 후손들을 말한다. 진(晉)나라의 사안(謝安)이 여러 자제들에게 "왜 사람들은 모두 자기의 자제가 출중하기를 바라는가?"라고 묻자, 조카 사현(謝玄)이 "이것은 마치 지란(芝蘭)과 옥수(玉樹)가 자기 집 정원에서 자라나기를 바라는 것과 같습니다."라고 하였다고 한다. 여기에서의 지란과 옥수는 후손을 말한다.

16 증씨의 … 해 : 증씨(曾氏)는 효심이 깊었던 공자의 제자 증자(曾子)를 말한다. 효행이 매우 깊었던 양산보의 집안을 비유한 것이다.

17 이 시는 양응정(梁應鼎)의 시로, 『송천유집(松川遺集)』 권1에 실려 있다. 「만종형소쇄처사산보(輓宗兄瀟灑處士山甫)」로 되어 있다.

18 바다 가운데 산[海中山] : 바다 가운데 산은 봉래산(蓬萊山) 영주산(瀛州山) 방장산(方丈山)을 지칭한다. 모두 신선이 사는 곳이다.

19 풍채 … 후손들까지 : 부채(符彩)는 옥의 광채로, 여기서는 빼어난 풍채의 후손들을 표현한 것이고 그 후손들이 여전히 반의를 입고 있다는 것은 효성스럽다는 것을 나타낸 것이다. 반의(斑衣)는 춘추(春秋) 시대 초(楚)나라의 은사(隱士)인 노래자(老萊子)가 어버이를 기쁘게 해 드리기 위하여 입었다는 색동옷으로, 노친을 극진히 모시는 효자를 비유한 말이다. 『초학기 권17 인 효자전(初學記 卷17 引 孝子傳)』

20 돈독한 효심[篤白華] : 백화(白華)는 현재는 없어진 『시경』의 편명인데 효자가 서로 경계하여 어버이 봉양할 것을 읊은 시이다. 여기서는 양산보의 효성을 말한다. 양산보는 「孝賦」를 지어서 16세기 효행문학을 이끌었다.

21 현자의 덕화[藪澤] : 수택(藪澤)은 초목이 무성하거나 어류 동물들이 많이 번식하는 넓은 습지인데, 여기서는 뛰어난 제자들이 와서 공부할 수 있는 곳 또는 양산보의 백성에 대한 어진 덕화를 의미한다.

22 용과 뱀의 해[歲龍蛇] : 용사(龍蛇)는 현인의 죽음을 의미한다. 후한(後漢)의 학자 정현(鄭玄)이 죽음을 앞두고 꿈을 꿨는데, 꿈에 공자(孔子)가 나타나 이르기를, "빨리 일어나라. 금년은 용해이고 내년은 뱀의 해이니라." 하여, 잠을 깨어 그 말을 비결로 맞춰 보고 자기가 죽을 것임을 알았으며, 실제로 그해 6월에 죽었다고 한다. 『후한서 권35 정현열전(後漢書 卷35 鄭玄列傳)』

23 북풍에 … 말일세 : 훤초(萱草)는 일명 망우초(忘憂草)라고도 하는 원추리를 말한다. 『시경』「위풍(衛風) 백혜(伯兮)」에 "어찌하면 원추리를 얻어서, 저 당의 북쪽에 심을꼬."라고 하였는데, 옛날에 모친은 북당(北堂)에 거처하였으므로 전하여 원추리를 모친에 비유한 것이다. 여기서는 모친이 자식 양산보의 죽음에 슬퍼하는 모습을 그린 것이고 이로 인해 구천에 있는 양산보도 괴로울 것이란 걸 말하고 있다. 양산보가 모친보다 일찍 세상을 떴다는 사실은 박세채(朴世采) 양산보의 「묘갈명(墓碣銘)」에 나온다.

24 고봉 기대승의 문집, 『고봉선생속집 권1(高峯先生續集 卷1)』에 실린 시로 「挽人五言四韻五首 / 모인에 대한 만장[挽人] 오언사운 5수」로 되어 있는 시 가운데 두 수이다.

25 은자(隱者) : 학문과 덕행을 지니고서도 초야에 묻혀 벼슬하지 않는 사람을 말한다. 『논어(論語)』「미자(微子)」에 "逸民은 백이(伯夷) 숙제(叔齊) … 유하혜(柳下惠) 소연(少連)이다." 하였다. 여기서는 양산보를 지칭한다.

26 독서[三餘] : 삼여(三餘)는 세(歲)와 일(日)과 시(時)의 여(餘)인 동(冬), 야(夜), 음우(陰雨)를 각각 가리킨다.

27 이 … 곳이라 : 북송(北宋)의 조경순(刁景純)이 벼슬을 그만두고 향리로 돌아오자 당시의 명류(名流)들이 그를 맞이하여 장춘오(藏春塢)라는 작은 둑 모양의 화단을 만들어 주었다. 『異聞錄』 여기서는 소쇄정을 말한다.

28 처량히도 … 났으니 : 옥석(玉舃)은 옥으로 만든 신이다. 유향(劉向)의 『열선전(列仙傳)』에 "안기 선생(安期先生)은 낭야(琅琊) 부향(阜鄉) 사람으로 동해가에서 약을 팔았는데, 당시 사람들은 천세옹(千歲翁)이라 하였다. 진시황(秦始皇)이 동쪽에서 노닐다가 그를 만나 사흘 밤낮 동안 이야기를 나누고 많은 금은보화를 주었으나, 모두 그대로 남겨 두고 편지 한 통과 붉은 옥으로 만든 신발[赤玉舃] 한 쌍을 남겼는데, 그 편지에 '몇 해 뒤 봉래산에서 나를 찾으라.' 라고 하였다. 이에 진시황이 서시(徐市) 등을 시켜 동남동녀(童男童女) 수백 명을 데리고 동해에 배를 띄워 봉래산을 찾아가게 하였다." 라는 내용이 있다. 여기서는 소쇄옹이 떠났음을 말한다.

29 지하의 수문랑[地下修文] : 수문랑은 글을 짓는 관원을 가리킨다. 진(晉)나라 소소(蘇韶)가 죽어서 지하에 가 보니, 안연(顔淵)과 복상(卜商)이 귀신의 성자로 대접받으면서 수문랑(修文郎)으로 있더라는 전설이 있다. 『태평광기 권319(太平廣記 卷319)』 여기서는 양산보의 죽음을 의미한다.

30 색동옷 춤[舞彩] : 어버이를 기쁘게 해 드리기 위해 70세 된 노래자(老萊子)가 일부러 색동옷을 입고 어린아이처럼 재롱을 떨었다는 고사에서 나온 말이다.『초학기 권17 효자전(初學記 卷17 孝子傳)』여기서는 양산보가 70세에 춤을 춘 노래자처럼 하지 못하고 부모보다 일찍 죽었음을 의미한다.

31 장구(杖屨) : 지팡이와 신발. 여기서는 고인의 유품이나 고인이 가는 길을 말한다.

32 닭 구워[炙鷄] : 적계(炙鷄)는 구운 닭을 말한다. 후한(後漢)의 서치(徐穉)가 먼 곳으로 문상(問喪)하러 갈 때 솜을 술에 적셔 햇볕에 말린 다음 그것으로 구운 닭을 싸서 휴대하기 간편하도록 만들어 가지고 가서 솜을 물에 적셔 술을 만들고 닭을 앞에 놓아 제수를 올린 뒤 떠났다고 한다.『후한서 권35 서치열전(後漢書 卷35 徐穉列傳)』

장택 고경명

長澤 高敬命

소쇄 선생이 병석에 누우신 지 얼마 안 되어	瀟灑先生臥未央
한밤중 다급한 부음에 깜짝 놀랐네	中宵忽訝訃音忙
용사의 해라 현인 죽을 줄 이미 알았지만	龍蛇已覺賢人厄
향리에서는 어른 초상에 탄식만 하네	鄕里爭嗟長者亡
소쇄공의 시렁에는 책만 덩그렇고[33]	書史凄涼玄晏架
원림은 다른 사람 집처럼 쓸쓸하구나	園林蕭瑟鄭公莊
공의 마음에 가장 힘들었던 것은	人情最有難堪處
병들어 누운 백발 모친이었을 게야	鶴髮慈親病在床

서하 김강숙 34

棲霞 金剛淑

전원의 즐거움을 이미 이루었으니	田園已成趣
어찌 영고성쇠를 마음에 둘까	榮落肯關心
거문고와 서책으로 누웠다 쉬었다가	偃息琴書榻
솔밭과 대숲 그늘에서 소요한다네	逍遙松竹陰
바람 맞으면 때로 홀로 휘파람불다가	迎風時獨嘯
시구 얻으면 길게 읊조린다네	得句自長吟
하루 종일 신경 쓸 일 없다가	盡日無機事
난간에 기대 저녁 새만 센다네	憑欄數暮禽

지척에 선경이 숨겨져 있으니	咫尺藏眞境
선계와 속계가 대사립문 사이라네	仙凡隔竹扉
차갑게 부서지는 물방울 흩어져 날리고	飛流寒碎玉
아름다운 나무는 푸르게 울타리 이루었네	佳樹翠成圍
젊을 적엔 놀러도 자주 갔었는데	少日游蹤數
노년에는 만남도 드물었다네	衰年見面稀
그리운 생각을 떨치지 못하다가	相思不能去
고개 돌리니 안개비만 뿌옇구나	回首雨霏微

차운하여 고암께 올림[35] 송강 정계함

次韻奉上鼓巖丈　松江鄭季涵

숲 골짜기 구름 너머에 숨어서　　林壑隱雲表
그대 도의 마음 기르셨다네　　生君道者心
소나무 이는 바람 서늘한 소리 전해 오고　　風松送冷籟
달빛 받은 대나무 맑은 그늘 흔들리네　　月竹散淸陰
마음 내키는 대로 술잔을 채우면서　　爰以淺深酒
드디어 길고 짧은 시구를 이루었네　　遂成長短吟
산에 산다고 어찌 벗이 없을까　　山人豈無友
때로 새 두어 마리도 내려온다네　　時下兩三禽

덕이 높고 행실 고상한 저분은　　耿介高蹤客
홀로 산중에서 문을 닫고 살았지　　山中獨掩扉
물은 푸른 봉우리 돌아 모이고　　水因靑嶂合
울타리는 자줏빛 등꽃으로 둘렀다네　　籬以紫藤圍
은거의 뜻이 있던 건 아니었지만　　非是隱淪志
자연스레 찾는 사람도 드물었다네　　自然車馬稀
참 즐거움이 이 사이에 있었을 테니　　此間有眞樂
그윽한 흥취 적지만은 않았으리라　　幽事未全微

33 소쇄공의 … 덩그렇고 : 현안자(玄晏子)는 진(晉) 나라의 은자(隱者) 황보밀(皇甫謐)의 호이다. 그는 농사를 지으면서도 고상한 뜻을 지니고 학문에 종사하고 주경야독하면서 백가의 전적에 정통하였다. 무제(武帝) 때 여러 번이나 부름을 받았으나 끝내 벼슬하지 않았다.『진서 권51(晉書 卷51)』여기서는 소쇄공을 비유적으로 표현한 것이다.

34 이 시는 김성원의 서하당유고 상(上)에 실려 있는데,「次瀟灑亭韻奉寄仲明兄 / 소새정 시에 차운하여 중명(양자징) 형에게 삼가 부치다」라는 제목이다.

35 고암(鼓巖) : 양자징(梁子徵, 1523~1594) 호이다. 본관은 제주(濟州), 자는 중명(仲明), 호는 고암(鼓巖)이다. 담양에 소쇄원(瀟灑園)을 창건한 양산보(梁山甫)의 아들이며, 김인후(金麟厚)의 문인이자 사위이다. 이 시는 송강의 문집『송강속집 권1(松江續集 卷1)』에 차소쇄원운 이수(次瀟灑園韻 二首)로 실려 있다.

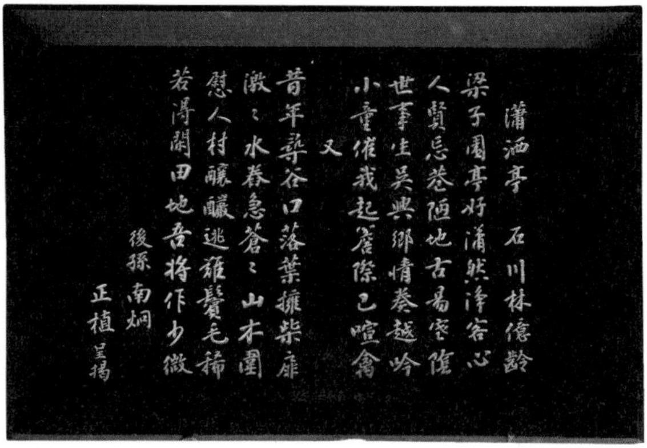

소쇄정 석천 임억령

瀟灑亭 石川林億齡

양처사의 원림과 누정 좋기도 하여	梁子園亭好
시원하게 길손의 시름 씻어낸다네	瀟然淨客心
사람 어질면 시골의 누추함도 잊는 법이고	人賢忘巷陋
땅도 오래되면 시원한 그늘도 많아	地古易寒陰
세상일 하다 보면 고향 생각나거니와[36]	世事生吳興
그런 마음에 고향 노래도 부른다네[37]	鄉情奏越吟
어린아이가 나를 재촉해 일어나 보니	小童催我起
저기 처마에 새가 벌써 지저귀네	際已喧禽簷

또

又

옛날에 산골짜기 입구를 찾았더니	昔年尋谷口
사립문에 낙엽만 수북했었지	落葉擁柴扉
세찬 물에 물방아 빠르게 돌고	激激水春急
푸르게 산에는 나무 둘러 있었네	蒼蒼山木圍
시골 막걸리 나를 위로하건만	慰人村釀釅
난리 때문에 머리털이 성글어졌네	逃難鬢毛稀
만약 버려진 땅이라도 얻게 되면	若得閑田地
나도 장차 은거[38]를 하리라	吾將作少微

후손 남형[39] 정식이 현판을 걸다 後孫 南炯 正植 呈揭

36 세상일 … 나거니 : 오흥(吳興)은 후한 때 장한이 낙양(洛陽)에서 벼슬을 하다가 고향의 순채국과 농어회가 그립다며 벼슬을 버리고 고향으로 돌아갔다는 고사에서 나온 말이다. 장한이 오군(吳郡) 사람이기에 오흥이라고 한 것이다. 여기서는 양산보가 벼슬에 있다가 고향으로 내려온 것을 의미한다.

37 그런 … 부르는데 : 월음(越吟)은 '고국을 그리워하는 것' 을 말한다. 춘추 전국 시대 월(越)나라 사람인 장석(莊舃)이 초(楚)나라에 가서 벼슬하여 현달(顯達)하였는데 한번은 병이 나서 누워 있었다. 초왕(楚王)이 사람을 시켜 장석에게 가 보게 하면서 이르기를 "장석이 자기의 고국을 생각하는지 알아보라."라고 하였다. 사신이 가서 보니 장석은 고국을 잊지 못하여 병중에도 월나라의 노래를 불러서 고향을 그리는 정을 부쳤다.『사기 권70 장의열전(史記 卷70 張儀列傳)』

38 소미(少微) : 처사(處士)를 상징하는 별이다. 송(宋)나라 강지(江贄)가 역학(易學)으로 유명하였는데, 정화(正和) 연간에 유일(遺逸)로 천거되어 세 차례나 부름을 받았으나 나가지 않았다. 이때 처사를 상징하는 소미성이 나타났다 하여 소미 선생이라는 호를 하사받은 데서 유래한 말이다. 여기서는 석천이 은거하고 싶다는 의미이다.

39 남형(南炯) : 임남형(林南炯, 1932~?). 본관은 선산(善山), 자는 효사랑(孝四郎), 호는 낭부(朗父)이다.『선산임씨족보(善山林氏族譜)』

광풍각중수기

光風閣重修記

부귀(富貴)는 쉽게 없어져도 이름과 덕망은 사라지지 않는다는 것을 내가 소쇄원 양선생의 별업에서 보았다. 대개 선생은 호걸의 인품으로 정암(靜菴)[40]을 스승 삼고 담재(湛齋)[41]를 벗 삼았으니 사우의 성대함과 연원의 바름은 후세 사람들이 미칠 수 있는 것이 아니다. 소쇄원 가운데에 광풍각과 제월당은 선생이 보배를 품고 세상을 피하여 조용히 간직하고 수양하고 쉬고 놀던 장소이다.[42]

벽에는 담재의 글씨가 있고, 처마에는 우옹(尤翁)[43]의 친필이 걸려 있어 짙은 향기가 아직 남아 유달리 맑고 기이하였다. 그 그윽

하고 상쾌함이 바로 옛날 소강절의 청한한 물과 대나무, 주렴계의 깨끗한 풍치와 더불어 서로 비등하였다. 이는 후생들의 상상과 경모가 삼백 년이 지나도록 쇠락하지 않았다. 그렇지 않으면 호남에서 산수를 배경으로 한 좋은 누정, 좋은 누각이라도 조금 있다가 홀연히 퇴락할 것이니 어찌 보존할 수가 있었겠는가? 대개 얼마 있지 않아 남긴 윤택이 쉬이 없어지는 것은 어찌 자손이 부지런히 보수하지 않아서 그런 것이 아니겠는가? 또 이 때문에 공연하게 한 번 탄식하노라.

비록 선생이 건축한 것이 해가 오래되어 퇴락했다고는 하나 선생의 후손 인묵(仁默)[44]이 개연히 감흥을 일으켜 종친 재익(在益)과 의논하여 자기의 집안 재산을 기울여 수리함에 주춧돌과 섬돌은 그대로 두고 동우(棟宇)를 새롭게 하니 이에 산악이 빛을 더하고 계곡이 윤택하니 선생의 기풍이 더불어 영구해지고 후손의 이어서 지키는 아름다움이 또한 숭상하기에 충분하다.

아! 참으로 어진 자손들의 소술(紹述)이 아니면 비록 선조의 명원이 있다 하더라도 영구히 보존된다고 믿을 수 없으리라. 예컨대 이찬황(李贊皇)[45]의 평천장은 장려(壯麗)하지 않음이 없지만 삼대를 못 가 평천장의 주인이 없어졌고, 배진공(裴晋公)[46]의 오교장(午橋莊)은 더없이 상쾌하고 좋았지만 후손이 오교장을 보수했다는 말을 들어보지 못했다. 누정의 믿을 만함이 한때의 영화로움에 달려 있는 것이 아님을 여기에서 알 수 있으니, 선생이 도를 지키고 편안함을 물려준 것이 어떠하였겠는가? 앞에서 말한 '부귀는

쉽게 없어져도 이름과 덕망은 사라지지 않는다.' 함이 바로 이 말이다.

대를 이어 버리지 않고 잘 지켜서, 차마 황폐하게 하지 않는다면 장차 상전벽해처럼 변화되어도 겁회(劫灰)를 뛰어넘을 수 있으리라. 인묵의 맏아들 재윤(在潤)이 나에게 기문을 부탁하였다. 내가 선생과는 오랜 세월을 느끼는 바가 있어, 마침내 중수의 시말을 대략 기록하여 이름을 기탁하는 영광으로 삼는다.

갑자년(1924) 봄날 후학 금성 오준선(吳駿善)[47] 삼가 쓰다

'貴富易歇, 名德未沬', 吾於瀟灑園梁先生別業見之矣. 盖先生以豪傑之姿, 師靜菴而友湛齋, 師友之盛, 淵源之正, 非後世之所能企及. 卽其園中, 光風閣霽月堂, 先生之懷寶遯世, 藏修焉遊息焉之所也. 壁有湛老遺墨, 楣揚尤翁眞筆, 芬馥尙留, 分外淸奇, 其幽邃爽朗, 直與邵窩之淸閒水竹, 濂溪之灑落胸襟, 足相上下, 此後生小子之想像景仰, 歷三百年而不衰也. 不然, 湖以南依山傍水, 好亭榭好樓臺, 何限而少焉, 飄忽盡歸, 烏有其與存者, 盖無幾焉, 豈非遺澤易斬, 子孫不勤保守而然歟? 又爲之曠然一唏也. 雖以先生之所築, 歲久傾圮, 先生後孫仁默, 慨然興感, 詢

議于門親在益, 傾家貲而修茅, 礎砌仍舊, 棟宇重新, 於是山嶽增秀, 澗溪騰頌, 先生之風, 與之俱長, 嗣守之美, 亦足多尙, 噫! 苟非賢子孫之紹述, 雖有先祖之名園, 不可恃爲久長矣. 如李贊皇之平泉, 非不壯麗, 而未及三世平泉無主, 裴晋公之午橋, 何等爽塏, 而未聞後孫保守午橋. 是知亭榭之足恃者, 不在一時繁華而已, 其先生之守道遺安爲何如哉? 向所謂 '貴富易歇而名德未沫者' 此也. 嗣後而勿替, 引之守之, 固而不忍荒廢, 則將見貫滄桑而超劫灰矣. 仁默之胤在潤屬余記之. 余於先生, 有曠世之感, 遂畧者重修始末, 以爲托名之榮云爾.

閼逢困敦仲春日 後學 錦城 吳駿善謹書

---

40 정암(靜菴) : 조광조(趙光祖, 1482~1519)의 호이다.
41 담재(湛齋) : 김인후(金麟厚, 1510~1560)의 호이다.
42 이는 예기禮記 학기편學記篇에 나오는 말이다.
43 우옹(尤翁) : 우암(尤庵) 송시열(宋時烈)을 말한다.
44 인묵(仁默) : 양인묵(梁仁默, 1850~?). 자는 덕중(德中)이다.
45 이찬황(李贊皇) : 당나라 사람 李德裕. 그의 평천장이 유명하다.
46 배진공(裴晉公) : 당나라의 명재상으로 진국공(晉國公)에 봉해졌던 배도(裴度, 765~839)를 말한다.
47 오준선(吳駿善) : 1851~1931. 본관은 나주, 자는 덕행(德行)이고, 호는 후석(後石)이다. 저서로는 『후석유고(後石遺稿)』가 있다.

광주문화재단 누정총서 2

소쇄원

초 판 1쇄 찍은 날 2018년 12월 11일
초 판 1쇄 펴낸 날 2018년 12월 17일

글 천득염
현판 번역 김대현
여행 길잡이 전고필
사진 안갑주

펴낸곳 (재)광주광역시 광주문화재단
펴낸이 김윤기
발행부서 (재)광주광역시 광주문화재단 전통문화관 무등사업팀
61493 광주광역시 동구 의재로 222
전화 062-232-2152

만든곳 도서출판 심미안
주소 61489 광주광역시 동구 천변우로 487(학동) 2층
전화 062-651-6968
팩스 062-651-9690
메일 simmian21@hanmail.net
블로그 blog.naver.com/munhakdlesimmian
등록 2003년 3월 13일 제05-01-0268호

값 10,000원
ISBN 978-89-6381-265-6 04900
ISBN 978-89-6381-263-2 (SET)

차례

게 할 만한 누정 길잡이 책은 왜 없을까. 누정총서 시리즈를 기획하고 발간하게 된 까닭입니다.

이번 총서에서는 9곳의 누정을 다루었습니다. 일동삼승(一洞三勝)이라 불리는 소쇄원, 식영정, 환벽당을 비롯하여 독수정, 명옥헌, 면앙정, 취가정, 풍암정, 송강정입니다. 광주에는 수많은 누정이 있지만, 그 역사적 연원과 당대의 인지도를 감안할 때, 무등산 자락 누정들의 안내서가 더 시급하다고 여겼기 때문입니다. 총서의 순번은 누정의 건립연대와 그곳에 얽힌 인물들을 고려하여 매겼으나 자료의 많고 적음에 따라 부득이 몇 곳은 합본을 하였습니다.

이번 총서는 쉽고 재미있습니다. 의미도 깊습니다. 필진으로 참여한 전문 연구자들이 일반 독자들을 배려한 애정이 곳곳에서 빛을 발합니다. 좀 더 관심 있는 독자를 위해 누정 현판의 원문과 번역도 함께 실었습니다. 다양한 각도와 때를 달리한 사진들은 텍스트와는 또 다른 책 읽는 즐거움을 선사할 것입니다.

우리는 이 책들이 무등산 자락 누정을 찾는 여행객들의 사랑을 듬뿍 받기를 소원합니다. 삶의 의미를 되새기고 마음의 정화를 얻어가는 지혜의 여행길에 일조하는 안내서가 되길 바랍니다. 그리고 첫발을 내디딘 누정총서에 더 많은 누정들이 소개되기를 바랍니다.

누정총서 발간에 애쓰신 분들의 노고에 깊은 감사를 드립니다.

2018년 초겨울

광주문화재단 대표이사 김윤기

지혜의 보고, 누정여행 길잡이

현대를 사는 우리들은 항상 무엇인가에 쫓기듯 살아갑니다. 자주 시계를 보며 시침과 분침은 물론 초침까지도 살피게 됩니다. 저마다 삶을 영위하기 위해 벌이는 사투는 육체와 정신을 피로하게 합니다. 너나없이 삶의 의미를 묻게 되고 쉴 만한 곳을 찾게 됩니다. 잠시라도 여유를 갖고자 여행을 꿈꾸기도 합니다.

광주문화재단의 풍류남도나들이 사업은 이러한 의문과 소원에서 탄생하게 되었습니다. 선조들의 삶과 그 내면을 들여다보며 가르침을 얻으려 한 것이지요.

광주와 담양이 만나는 무등산 자락에는 빼어난 풍광은 물론 지혜의 보고가 펼쳐져 있습니다. 자연의 아름다움을 한껏 품은 자리에 자연을 거스르지 않으며 조화롭게 자리한 누정들이 그것입니다. 세상의 명예와 부귀를 탐하지 않고 오로지 자연을 벗 삼아 자기 수양에 힘썼던 선비들의 올곧은 삶. 그들의 깊이 있는 학문과 수준 높은 문학작품은 각박한 시대를 살아가는 우리에게 많은 울림과 감동을 전해 주고 있습니다.

하지만 그들의 삶과 학문과 문학작품에 한 걸음 다가가기 위해서는 딱딱한 전문서적과 씨름해야 하는 어려움이 남아 있었습니다. 배낭 하나 메고 훌쩍 떠나는 여행길에서 몸과 마음을 풍요롭

광주문화재단 누정총서 2

소쇄원

글 천득염

현판 번역 김대현

심미안

광주문화재단 누정총서 2

소쇄원

글 천득염
현판 번역 김대현

JN444353